Adalbert Seipolt

Jahre im Gegenwind

Adalbert Seipolt

Jahre im Gegenwind

Meine Kindheit und Jugend im Dritten Reich

echter

Meinen Schülern,
die mich zu diesem Buch
ermuntert haben, besonders
Stephan, Alvar und Philipp

Gibt es Erinnerungsbücher begeisterter Hitlerjungen?
Es mag sein, aber ich kenne keines.
Und von mir kann man auch kein solches erwarten.

Aus Gründen, die ich gleich darlegen werde, zählte ich zu jener Minderheit deutscher Kinder, die im braunen Meer des Nationalsozialismus wie auf einer Insel lebten; heute würde man sagen: auf einer »schwarzen« Insel, weil es eine katholische war. In meinem Fall war es aber die schönste, hellste und gesegnetste Insel, die ich mir vorstellen kann und die es so heute kaum noch gibt.
Um auf dieser Insel zu leben, mußten zwei Bedingungen erfüllt sein: ein katholisches Elternhaus und eine lebendige Gemeinde. Bei mir war beides gegeben, und darum fühlte ich mich niemals versucht, mein Heil im braunen Meer zu suchen.

»Heilige Familie im Negerdorf«

Mein Vater, 1898 als Sohn eines Postbeamten in Raudten/Niederschlesien geboren, war politisch sehr interessiert und engagiert, und zwar von Kindesbeinen an. Wie er selbst erzählte, griff er zur Zeitung, sobald er lesen konnte. Ganz besonders interessierten den Dreikäsehoch die

Parlamentsberichte. Damals gaben die Zeitungen Auszüge aus dem amtlichen Protokoll wieder, also mit allen Zwischenrufen und Zwischenbemerkungen. Sie standen in Klammern, und die vor allem suchte er – das »Hört, hört! im Zentrum« oder »Lachen links« oder »Unruhe rechts« und die »Glocke des Präsidenten« mit der Bitte um Ruhe und die oft witzigen Zwischenrufe der Abgeordneten. Der Parlamentsstenograph schrieb ja alles mit. Das faszinierte den kleinen Hannes, und seine rege Phantasie zauberte ihm das Bild einer dramatischen Parlamentsszenerie vor. Beim Wahlkampf im Jahr 1905 unterstützte er seinen Vater, einen treuen Anhänger der Zentrumspartei, beim Absenden von Wahlpostkarten mit den Karikaturen politischer Gegner. (Schade, daß es das heute nicht mehr gibt!) Auch mein Vater trat nach seiner Heimkehr aus dem Ersten Weltkrieg der Zentrumspartei bei und wurde ihr jüngstes Fraktionsmitglied im Breslauer Stadtparlament, außerdem Vorsitzender des Windhorstbundes, der Nachwuchsorganisation der Partei. Eine politische Karriere schien fast unausweichlich. Als Redakteur der »Schlesischen Volkszeitung«, dem publizistischen Organ der Zentrumspartei in Schlesien, hatte er noch 1933 im Wahlkampf gegen die NSDAP Stellung bezogen, verstand es aber auch nach der Gleichschaltung der deutschen Presse, die treuen Abonnenten »zwischen den Zeilen« so zuverlässig zu informieren, wie sie es verdienten, bis die Zeitung 1939 ihr Erscheinen einstellen mußte.
Meine Mutter war evangelisch, trat aber, als ich zwei oder drei Jahre alt war, zum katholischen Glauben über und hat das nie bereut. Sie habe nichts durch die Konversion verloren, aber viel dazu gewonnen, pflegte sie zu sagen.

Pfarrkirche zur »Heiligen Familie« in Breslau

In ihrer Verwandtschaft gab es begeisterte Anhänger Hitlers, aber auch einen überzeugten Kommunisten. Wir gehörten zur Pfarrei der »Heiligen Familie«, der jüngsten Pfarrgemeinde Breslaus, geschaffen zur Betreuung der 3000 Katholiken in der 1929/1930 für 10.000 Menschen gebauten »Reichsmustersiedlung« Zimpel. Spöttische Zungen verwandelten das Z in ein stimmhaftes S: Simpel. Die Leute im benachbarten Villenviertel mit dem Namen Leerbeutel – absolut unpassend, denn dort wohnte man nur vom Apotheker an aufwärts! – bezeichneten Zimpel als Negerdorf, vermutlich wegen seiner einstöckigen Mietshäuser und weil man da nur vom Apotheker abwärts wohnte. Nur die katholische Kirche überragte die Häuser und sollte darum eine weithin sichtbare Turmuhr erhalten, die einzige in der Siedlung. Darum beantragte die Kirchengemeinde einen Zuschuß von 2000 Mark, den die Stadtverordnetenversammlung, wie das Stadtparlament im Lande Preußen hieß, bewilligen mußte. Kommunisten und Sozialdemokraten waren heftig dagegen. Mein Vater, als Sprecher der Zentrumsfraktion, fragte die Linke, ob es den Genossen peinlich sei, beim Blick auf die Uhr religiöse Symbole sehen zu müssen und ob sie Angst hätten, die Leute könnten sich zu sehr nach der Kirche richten. Jedenfalls hatte er nicht nur die Lacher, sondern schließlich die Mehrheit auf seiner Seite. Und so erhielt die »Heilige Familie« und mit ihr die Reichsmustersiedlung eine weithin sichtbare Uhr.

Die junge Pfarrei der »Heiligen Familie« galt beim Breslauer Kardinal Bertram bald als »Musterbetrieb«. Das verdankte sie ihren tüchtigen Seelsorgern, Pfarrer Kramer und seinen beiden Kaplänen. Aus kaum einer anderen Pfarrei der Stadt gingen so viele Priester hervor wie aus unserer. Und obwohl ihre Mitglieder durch Flucht und Vertreibung über ganz Deutschland verstreut wurden, feiern sie noch heute ihr Heimattreffen.

Am Tage meiner Geburt flatterten Fahnen, die schwarzweißroten natürlich, noch keine Hakenkreuzfahnen. Es war nämlich staatlicher Feiertag. Genau zehn Jahre zuvor, am 11. August 1919, hatte Reichspräsident Friedrich Ebert die Verfassungsurkunde der Weimarer Republik unterzeichnet. Breslaus Paradestraße hieß noch Kaiser-Wilhelm-Straße. Vier Jahre später, 1933, war mein Geburtstag kein Feiertag mehr: Hitler war in die Reichs-

kanzlei eingezogen, ich in den Kindergarten, zu katholischen Schwestern, versteht sich. Noch einmal drei Jahre später, 1936, wehten nur noch Hakenkreuzfahnen, als Hitler seine Truppen ins Rheinland einmarschieren ließ und ich als ABC-Schütze in die »Hindenburgschule« einrückte. Die Kaiser-Wilhelm-Straße hatte man inzwischen umgetauft in »Straße der SA«. (Zehn Jahre später hieß sie »Straße der Roten Armee« und jetzt »Ulitza Powstancow Slaskich«. Ja, Straßen erleben viel.)
In unserem »Negerdorf« gab es zwei Volksschulen, eine größere für die evangelischen, eine kleinere für die katholischen Kinder. Der Schulhof war für beide Konfessionen gemeinsam.
Kein Wunder, daß immer wieder Streitereien aufflammten. Heute kann man sich kaum mehr vorstellen, wie heftig sich damals katholische und evangelische Kinder

Unser Negerdorf …

in die Haare gerieten. Jede Partei kannte die Trümpfe ihrer Konfession sehr genau:
»Ihr Katholiken seid ja arm dran. Ihr müßt jeden Sonntag in die Kirche gehen!«
»Dafür haben wir viel mehr Feiertage, ätsch!«
»Und ihr müßt dem Papst gehorchen. Der ist ja nicht einmal ein Deutscher.«
»Dafür gibt's bei euch noch nicht einmal Bischöfe!«
»Eure Priester dürfen nicht heiraten!«
»Dafür kriegen sie auch keine dummen Kinder!«
»Zu uns gehört der Heinz Rühmann!«
»Dafür haben wir den Hans Moser!«
»Der Hindenburg war auch evangelisch!«
»Aber der Führer ist katholisch, ätsch!«
Der katholische Führer! Das war ein Trumpf, der den hartnäckigsten Protestanten zum Verstummen brachte. Und wer es nicht glauben wollte, dem zeigten wir die Religionskarte in Dierckes Weltatlas. Ganz Österreich war rot gefärbt. Rot bedeutete katholisch. Und Hitler stammte ja aus Österreich – also war er katholisch.
Oder stimmte das doch nicht so ganz?
Nach meiner Erstkommunion meldete ich mich zum Ministrantendienst. Das erwies sich als einer der wichtigsten Schritte in meiner Kindheit. Die katholischen Jugendverbände wie Neudeutschland, Sturmschar und St.-Georgs-Pfadfinder waren von den Nationalsozialisten bereits aufgelöst und ihr Vermögen beschlagnahmt worden. Nur Jugendgruppen auf pfarrlicher Ebene wurden geduldet. Darum strömten die Mitglieder der aufgelösten Verbände in die Ministrantenschar, soweit sie ihr nicht sowieso schon angehörten. Kein Wunder, daß die Zahl der Ministranten in unserer nicht sehr großen

Pfarrei auf über 100 anstieg. Diese wunderbare Meßdienervermehrung warf auch Probleme auf. Wo sollten wir die vielen roten Röcke und die weißen Rochetts hernehmen? Der Pfarrer hatte eine gute Idee: Die Mütter sollten ihren Söhnen rote Röcke aus rotem Fahnenstoff nähen, die Rochetts wurden aus weißen Nachthemden nach einheitlichem Muster geschneidert. So konnten wir bei festlichen Hochämtern mit zwanzig Ministranten aufmarschieren, bei der Fronleichnamsprozession war es eine halbe Kompanie. Und keinen plagten Gewissensbisse, weil sein roter Rock eigentlich eine Hakenkreuzfahne hätte werden sollen.
Die weibliche Pfarrjugend stand der männlichen an Zahl nicht nach. Ministrieren durften sie freilich nicht. Immerhin, an die 200 Jungen und Mädchen in einer Gemeinde von ungefähr 3000 Katholiken, das war schon eine stolze Zahl. Zumal wenn man bedenkt, daß von diesen 3000 keineswegs alle überzeugte Katholiken waren. Ein erheblicher Teil besuchte die Kirche nur an den allerhöchsten Feiertagen und scheute sich, seine Söhne in Ministrantengewänder anstatt in die Hitlerjugenduniform zu stecken. »Kluft« nannte man die. In unserer Straße zum Beispiel wohnten sieben oder acht katholische Familien; doch außer meinem ein Jahr älteren Bruder und mir war nur noch einer Ministrant.
Die große Schar mußte natürlich in Gruppen eingeteilt werden, dem Alter nach. Jede Woche fand eine Gruppenstunde statt, in der man die »Ministratur« lernte (damals noch viel schwieriger, aber wohl auch abwechslungsreicher als heute), in der aber auch gesungen und gespielt wurde wie in den aufgelösten Jugendverbänden, denen unsere Gruppenführer fast alle angehört hatten.

In dieser Gemeinschaft spielte sich unser »gesellschaftliches Leben« ab, wurden Geburtstage gefeiert, Fahrten geplant, wurden – als wir älter wurden – heiße Debatten über die Nazis und über den Krieg geführt, aber auch über Literatur und Musik und Religion, oft bis tief in die Nacht hinein. Und immer wieder wurde gesungen. Meistens waren es Lieder aus den Liederbüchern der Jugendbewegung wie dem »Spielmann« oder dem »Zupfgeigenhansl«. Ausgesprochene »Hits« (würde man heute sagen) waren »Wildgänse rauschen durch die Nacht«, »Ich armes welsches Teufli bin müde vom Marschieren«, »Aus grauer Städte Mauern«, überhaupt alte Landsknechtslieder wie jenes geradezu archaische »Wir zogen in das Feld« mit der unvergeßlichen Strophe:

»Wir kamen nach Friaul.
Wir kamen nach Friaul,
da hatten wir allesamt ein großes Maul,
stampedemi, a la mi presente al vostra signori.«

Von uns eingedeutscht in »Adam fraß 'ne Ente mit Mostrich und Persil«. Solche Singkreise – ohne den Segen der Hitlerjugend – waren eigentlich nicht erlaubt. Wir mußten sehr vorsichtig sein. Unsere Siedlung bestand aus lauter Reihenhäusern, in denen oft zwei oder gar vier Mietparteien wohnten. Die Mauern waren zwar noch nicht ganz so hellhörig wie bei den Betonbauten der Nachkriegszeit, doch drangen Klaviermusik, Radioansagen und Gesang auch durch die Ziegelwände, und es war nicht auszuschließen, daß neugierige Nachbarn ihr Ohr an die Wand preßten, um zu hören, was die auffallend vielen jungen Menschen spätabends zu singen und zu diskutieren hatten. Aus diesem Grund wurden unsere Treffen sehr genau geplant: Jeder wußte, zu welcher Uhrzeit er das Haus des »Gastgebers« betreten sollte. Die Zeitabstände mußten gewissenhaft eingehalten werden. Wenn es dunkel war, wurde kein Licht im Treppenhaus eingeschaltet. Nach dem Treffen verließen wir wieder, höchstens zu zweit oder zu dritt, in bestimmten Abständen das Haus. Trotzdem passierte es manchmal, daß unsere kleinen Gruppen den Streifen der Hitlerjugend auffielen und von ihnen verprügelt wurden – oder sie von uns!

In dem stark autobiographischen Roman Vladimir Nabokows »Die Gabe« steht geschrieben, daß um das Jahr 1930 ungefähr 300.000 russische Emigranten in Berlin lebten, über die ganze Stadt verstreut, aber trotzdem wie in einem Ghetto, keinem räumlichen Ghetto wie die Juden in den mittelalterlichen Städten, sondern einem personalen: Sie hatten nur Umgang mit ihresgleichen, hatten ihre eigenen Geschäfte, ihre eigenen Zeitungen, Theater und Taxiunternehmen. Ganz ähnlich lebten wir in unserem »Negerdorf« als katholische Minderheit, pflegten freundschaftliche Beziehungen nur zu unseresgleichen, wußten genau, welcher Polizist, welches Geschäft und welche Verkäuferin katholisch war, kurzum, auf wen wir uns verlassen konnten. Um das herauszufinden, erwies sich der Hitlergruß als sehr nützlich. Wer stramm zurückgrüßte, womöglich mit straff gestrecktem Arm, wurde keiner näheren Bekanntschaft gewürdigt; wer lässig grüßte, womöglich mit wegwerfender Handbewegung, verdiente Vertrauen. Das galt insbesondere auch für die Einschätzung der Lehrer als Voll-, Halb- und Viertelnazis. Ich kann mich nicht erinnern, daß aus unserer Ministrantenschar jemand ausgeschert und zu den »Braunen« übergelaufen wäre. Eher traf das Umgekehrte ein: Ein Junge aus unserem Viertel, der nicht einmal katholisch war und daher auch nicht ministrieren durfte, schloß sich uns an: »Weil bei euch immer was los ist, im Gegensatz zu dem stupiden Jungvolk!« Das stimmte natürlich: Angetreten, abgezählt, marschiert und gegrölt wurde bei uns nicht. Der Vater dieses Jungen, ein überzeugter Nazi, hat von der »Bekehrung« seines Sohnes nichts erfahren. War wohl auch besser so.

Bei den Pimpfen

Im Jungvolk und in der Hitlerjugend mußten wir natürlich sein; die HJ war schließlich Staatsjugend, der jeder deutsche Junge vom 10. Lebensjahr an angehörte. Der sogenannte »Dienst« fand jeden Mittwoch- und Samstagnachmittag statt, dauerte meist zwei Stunden. Meine Mutter konnte mir nicht jedes Mal eine schriftliche Entschuldigung schreiben, und so nahm ich halt auch teil wie an einer lästigen Pflichtübung – zumal unsere jungen Führer sich auch kaum anstrengten, den »Dienst« interessant zu machen. Und selbst wenn sie jede Woche ein Geländespiel oder einen Film geboten hätten, an den Erlebnisreichtum unserer Pfarrjugendabende reichte kein Film und kein Geländespiel heran. (Eine ähnliche Situation gab es in der späteren DDR: Christliche Eltern, die ihre Kinder dem Sog der FDJ entziehen wollten, bemühten sich auch, durch Spiele, Feiern, Feste ihre Kinder zusammenzuhalten; und nicht wenigen ist es gelungen.)

Wie spielte sich dieser »Dienst« ab? Um Zimpel herum gab es noch viel freies Gelände, das sich zu Spielen vortrefflich eignete. Doch davon wurde nur selten, vielleicht zweimal im Jahr, Gebrauch gemacht. Zuerst einmal wurde »angetreten«; das konnte eine Viertelstunde lang dauern, wenn nämlich der Jungzug- oder der Jungenschaftsführer kontrollierte, ob man vorschriftsmäßig angezogen war. Eine Jungenschaft bestand aus zehn bis zwölf Jungen, ein Jungzug aus drei oder vier Jungenschaften; drei oder vier Jungzüge bildeten ein Fähnlein und unterstanden einem Fähnleinführer. Der war so zwischen sechzehn und achtzehn, eine gefürchtete Autorität – zum Glück bekamen wir ihn nur bei größeren Aufmärschen zu Gesicht. Entscheidend für das Wohl und Wehe der zehn- oder elfjährigen »Pimpfe« (Was für ein dummes Wort! Und darauf waren viele noch stolz!) war der Jungzugführer mit seiner grünen Kordel. Ich begreife heute noch nicht, daß wir vor ihm gezittert haben – nicht immer, er konnte auch lustig sein, aber meistens zeigte er uns nur seine »Führernatur«. Er war höchstens vier Jahre älter. »Antreten« mußten wir immer der Größe nach. Ich gehörte zu den Kleinen, stand also am Ende des Zugs. Dann prüfte er unsere Uniform. Ob das Koppel blank geputzt war, ob der Knoten richtig saß, ob der Hosensaum eine Handbreit über dem Knie endete und so weiter und so weiter. Mich hat er einmal fürchterlich zusammengestaucht, weil meine kurze Hose erstens nicht aus Manchesterstoff, sondern aus anderem Tuch bestand, zweitens weil sie nicht schwarz, sondern schwarzblau war. Erst als ich sagte, meine Mutter habe die Hose geschneidert und wir hatten eben keinen schwarzen Manchesterstoff, ebbte seine Schimpfflut ab. Dafür ließ er provozierend seinen Bleistift fallen, mit dem er sich Notizen machte. Und als ich mich befehlsgemäß bückte, um den Bleistift aufzuheben, trat er mir mit seinen Stiefeln auf die Zehen. »Damit du nicht vergißt, dir schwarze Hosen zu besorgen!«

Meiner Mutter eilte es überhaupt nicht, uns als Pimpfe einzukleiden. Einmal marschierte mein Bruder als einziger des Jungzugs in Zivil hinterher, von den meisten verächtlich gemustert, von manchen sicher auch mit Sympathie betrachtet. Er selbst war vermutlich stolz darauf, sich von den »Pimpfen« deutlich abzuheben. Das taten wir auch sonst: Einzelne Ministrantengruppen entwarfen eigene Ausweise, mit Lichtbild, versteht sich, und schneiderten sich eine eigene Fahne. Auf der Straße durften wir nicht hinter ihr hermarschieren und statt »Wikinger sind wir« das Michaelslied anstimmen: »Unüberwindlich starker Held«. Aber im jeweiligen Gruppenzimmer – meistens einer Bude eines Kameraden, möglichst unterm Dach, wo keine neugierigen Nachbarn die Ohren spitzten, – wurde die Fahne aufgehängt und das Michaelslied gesungen. Doch zurück zum Dienst.

Nach dem »Antreten« gab es solche Späßchen wie »Grüßen lernen«, »Knöpfe annähen«, danach wurde durch die Straßen marschiert und gesungen, oder richtiger gegrölt. Fast immer dieselben Lieder: »Wikinger sind wir«, »Rot scheint die Sonne« (das Lied der Fallschirmjäger), »Heute wollen wir ein Liedchen singen, denn wir fahren gegen Engelland«. Und das bei jedem Wetter. Außer wenn es aus Kübeln regnete. Dann verkrochen wir uns in einen Übungsraum der riesigen Stadion-Anlage, die zu unserem »Fähnleinbereich« gehörte. Was wir da geredet haben, weiß ich nicht mehr. Ich kann mich aber auch nicht erinnern, daß wir da im Sinne der nazistischen Weltanschauung sehr beeinflußt worden wären. Meiner Erinnerung nach wurde auch nicht gegen die Juden gehetzt; sie waren gar kein Thema für uns »Pimpfe«. Eher wurde schon gegen die Kirche gestichelt, weil wir Katholiken an manchen Sonntagvormittagsveranstaltungen der HJ nicht teilnahmen.

Von dem stumpfsinnigen Einerlei Antreten – Herummarschieren – Liedergrölen erlöste mich die Musik, genauer gesagt: unser Musiklehrer. Als eingefleischtem Nazi wurde ihm die Aufgabe übertragen, einen Auswahlchor der Hitlerjugend ins Leben zu rufen, der bei großen Veranstaltungen der Partei oder an staatlichen Feiertagen auftreten sollte – als braune Domspatzen gewissermaßen. Der Musiklehrer holte sich in diesen Chor natürlich vor allem Schüler aus unserem Gymnasium, das ich seit 1940 besuchte. So wurde der HJ-Dienst zu Chorproben umfunktioniert, manchmal zwei Stunden lang. Dafür brauchten wir aber nicht mehr durch die Straßen zu marschieren und das Wikingerlied zu schmettern; es hätte womöglich unseren Stimmen geschadet. Und die waren zu Höherem berufen. Zum Beispiel zur Aufführung des Oratoriums »Der Feldherr« von Georg Friedrich Händel. Händelkenner werden sich wundern. »›Der Feldherr‹ von Händel? Kennen wir nicht! Gibt es den überhaupt?« Es gab ihn – wahrscheinlich nur einmal in der Musikgeschichte, und das war jene Aufführung, an der wir mitwirkten. Händel hatte es komponiert als »Judas Makkabäus« und feierte in diesem Oratorium den Sieg des Makkabäers über die Feinde der Juden. Ausgerechnet dieses Oratorium mißbrauchte man zu einem

»Papa, wer ist denn dieser böse Mann?«

Hymnus auf den »größten Feldherrn aller Zeiten«, Adolf Hitler. An der Musik änderte man keine Note, aber aus den Feinden der Juden wurden Juden gemacht. …
So viel über den Dienst in der Hitlerjugend bzw. so wenig. Aber er bedeutete mir auch nicht mehr. Wir nahmen ihn hin als einen unerfreulichen, aber auch unvermeidlichen Teil unseres Lebens, genauso wie die Hakenkreuzfahnen und die Appelle im Schulhof am Heldengedenktag und an Führers Geburtstag, genauso wie die Schaukästen des »Völkischen Beobachter«, des »Schwarzen Korps« oder des »Stürmers« an den Straßenecken. An sie verschwendeten wir keinen Blick.

Genauso wenig wie an die Hitlerbilder, die zunächst nur Amtsstuben und Schulräume, später auch Geschäfte und Wohnungen schmücken mußten. Doch was heißt hier schmücken? Es gab neben den idealisierenden Porträts des »Cäsars im Tirolerkostüm« auch merkwürdig unsympathische. Auf dem, das mein Vater kaufte, blickte Adolf derartig grantig drein, daß mein kleiner Bruder fragte: »Papa, wer ist denn dieser böse Mann?«

Wie gesagt, die braunen Wellen schwappten zwar manchmal gegen unsere schwarze Insel, doch sie überschwemmten sie nicht. Schon als Zehnjährige wußten wir – oder spürten es instinktiv –, daß die Welt der Nazis nicht zu unserer katholischen Welt paßte.

Schon vorher, als ABC-Schützen, wurde uns der Gegensatz zwischen Partei und Kirche deutlich, als die Konfessionsschule aufgehoben wurde und in unsere bisher rein katholische Klasse evangelische Schüler eingeschleust wurden. Schlimmer war, daß unter den neuen Lehrkräften auch gehässige Nazis waren, die bei jeder Gelegenheit das Christentum lächerlich zu machen suchten. Denen konnten wir nicht mehr mit dem Argument kommen, daß »unser Führer katholisch ist«. Sie standen stramm vor uns und hoben den Arm vorbildlich, wenn sie ihr »Heil Hitler« ins Klassenzimmer schmetterten. Unser früherer Klassenlehrer, ein gemütlicher Oberschlesier, Invalide des Ersten Weltkrieges, hatte immer nur leicht die Finger der rechten Hand in Gürtelhöhe gehoben und ganz nebenher »Haitla« gesagt, um danach mit klarer Stimme das Morgengebet anzustimmen.

Immerhin, noch gehörte eine getaufte Jüdin namens Ilse zu unserer Klasse, gehörte dazu im besten Sinne des Wortes, von niemandem wurde sie als Außenseiterin

empfunden; sie nahm ja auch am Religionsunterricht teil und erschien regelmäßig im Kindergottesdienst. Erst eines Tages im Winter 38/39 fehlte sie im Unterricht; es hieß, sie sei abgemeldet.
(Gott sei Dank hat sie – von katholischen Ordensfrauen versteckt – das »Dritte Reich« überlebt; sie durfte als Naziopfer in Breslau bleiben, wurde allerdings von den Polen als Deutsche fürchterlich schikaniert und drangsaliert.)

Der Sturm braut sich zusammen

Das erste politische Ereignis, an das ich mich genau erinnern kann, war die »Reichskristallnacht« im November 1938. In meiner Heimatstadt lebten bis 1933 über 40.000 Juden, etwa sieben Prozent der Gesamtbevölkerung. Nach Frankfurt am Main war Breslau die deutsche Großstadt mit dem höchsten Prozentsatz an Juden. Außer vielen Synagogen gab es einen großen Tempel im Zentrum der Stadt. Als es in der Nacht zum 9. November plötzlich hieß: »Der Tempel brennt!«, kletterten wir auf den Dachboden und blickten in Richtung Innenstadt: Der Himmel war feuerrot. Am nächsten Morgen erfuhren wir in der Schule, daß alle jüdischen Geschäfte zertrümmert und geplündert worden seien. So etwas mußte man gesehen haben. Gleich nach dem Unterricht fuhren wir mit der Straßenbahn ins Zentrum, wurden aber ein bißchen enttäuscht: Zertrümmert waren nur die Schaufenster, die Geschäfte selber – stattliche Warenhäuser aus den zwanziger Jahren – standen, allerdings waren die Leuchtreklamen »Wertheim«, »Barrasch« und »Bielschowski« heruntergerissen. Die Ruine des Tempels war von der Polizei abgeriegelt. – Hat uns das damals mit Schrecken erfüllt? Ich weiß es nicht mehr. Vermutlich mehr mit Mitleid. Denn als einige Wochen später die ersten Juden mit dem gelben Davidsstern auf dem Mantel in der Straßenbahn auftauchten, meistens alte Leute, die furchtsam um sich blickten und nur zu flüstern wagten, wurden ihnen immer Sitzplätze angeboten. Ich habe nie erlebt, daß sie ausgelacht, verspottet oder gar mißhandelt wurden, auch von Hitlerjungen nicht. Gespottet haben wir dagegen über das Schild mit dem Aufdruck »arisch«, das an den Türen der Geschäfte angebracht wurde zum Zeichen dafür, daß der Geschäftsinhaber kein Jude war. Mutige Kameraden haben nachts durch das Ausstreichen oder Überkleben des Buchstabens i den merkwürdigen Begriff arisch, unter dem wir uns herzlich wenig vorstellen konnten, in einen kürzeren Begriff verwandelt, unter dem sich jeder etwas vorstellen konnte. Das größte Kaufhaus Breslaus, »Wertheim«, hieß jetzt AWAG, vermutlich »Allgemeine Waren Aktiengesellschaft«, vom Volk gedeutet als: »Aus Wut Arisch Geworden«.

Der Anschluß Österreichs ans Reich wurde pflichtgemäß bejubelt, auch wenn unser Jubel kaum so überwältigend ausfiel wie der Jubel der Million Menschen, die auf dem Wiener Heldenplatz ihrem Landsmann Adolf aus Braunau stundenlang zuriefen: »Ein Volk, ein Reich, ein Führer!« Dabei wurde das Wort »Führer« immer mehr zu »Vierer«, was uns sehr belustigte. Ein Vierer im Zeugnis bedeutete damals »mangelhaft«. Auch der Einmarsch ins Sudetenland wurde mit Genugtuung begrüßt. Während der Sommerferien 1938, die wir in der Grafschaft Glatz

verbrachten, durfte man noch an der Grenze entlangspazieren, die nur aus einem schmalen Graben ohne Zaun oder Stacheldraht bestand, und die grimmig dreinschauenden tschechischen Grenzposten aus nächster Nähe mustern, ja sogar verspotten. Das Radio hatte jeden Tag Schreckensmeldungen über brutale Maßnahmen der Tschechen gegen Deutsche verbreitet. (Von den Provokationen der Nazis hörten wir natürlich nichts.) Daher empfanden viele ein Strafgericht gegen die Tschechen und ihren Präsidenten Beneš als durchaus angemessen.
Als ein halbes Jahr später, beim Einmarsch der deutschen Truppen in Prag, mein Vater tagelang seine Besorgnis wegen der politischen Situation vor uns Kindern nicht verbergen konnte, tauchte zum ersten Mal die gräßliche Vokabel »Krieg« in unseren kindlichen Gesprächen auf. »Krieg gespielt« hatten wir übrigens nie. Mein Vater, der den Ersten Weltkrieg als Gymnasiast an der Westfront miterlebt hatte, hätte das auch kaum geduldet.
Notabene: Der Erste Weltkrieg lag damals erst 20 Jahre zurück; Kaiser Wilhelm II. lebte noch in Doorn, fast alle erwachsenen Männer waren im Feld gewesen – trotzdem war dieser Krieg für uns Kinder so ferne Vergangenheit wie die Schlachten Friedrichs des Großen und die Punischen Kriege.
Als ich, im August, meinen zehnten Geburtstag feierte, stand der Krieg vor der Haustür. Die Spannungen zwischen Polen und Deutschland trieben auf einen Höhepunkt zu, angeblich wegen der Sturheit der Polen. Es hieß, sie würden darauf brennen, durchs Brandenburger Tor zu marschieren. In den Nachrichten fiel in diesem Zusammenhang immer wieder das Wort »Korridor«. Was damit wohl gemeint war?

An den Tag, als das Radio die Meldung vom Nichtangriffspakt des Deutschen Reiches mit der Sowjetunion brachte – es war der 23. August 1939 – erinnere ich mich noch sehr genau. Die Gesichtszüge unserer strammen Nazis entgleisten geradezu. Ihr Abgott Hitler hatte sich mit seinem Todfeind, dem Erzbösewicht im Kreml, verbündet. Nationalsozialismus und Bolschewismus Arm in Arm. Die Welt stand kopf. Alle Propagandakanonen, bisher nach Osten gerichtet, mußten jetzt umgedreht und gegen – ja, gegen wen eigentlich? – gerichtet werden. Immerhin, manche gewannen dem Hitler-Stalin-Pakt auch eine positive Seite ab: Die Polen würden, aus Angst vor einem Zweifrontenkrieg, ihre aggressive Haltung gegen Deutschland aufgeben. Es würde also nicht zum Krieg kommen. Daß der Pakt zwischen den beiden größten Banditen des Jahrhunderts den Krieg keineswegs verhindern, sondern sogar beschleunigen sollte, ahnten nur die Pessimisten. Zu ihnen gehörte auch mein Vater.

Am 1. September war es soweit. Ein strahlender Sommertag. Da meine Heimatstadt Breslau keine 50 Kilometer von der polnischen Grenze entfernt war, mußte man mit Luftangriffen rechnen. Den ganzen Tag schleppten wir Sandsäcke vor die Kellerfenster. Woher bloß die vielen Sandsäcke kamen? Gottlob erwies sich diese Schlepperei als überflüssig. Kein einziges polnisches Flugzeug erschien am wolkenlosen Himmel, dafür rollten die Panzer pausenlos über die Oderbrücken nach Osten. Vollends atmeten wir aber erst auf, als die Siegesmeldungen im Radio verkündet wurden, vor allem die Meldung über die blitzartige Ausschaltung der gesamten polnischen Luftwaffe, bevor ihre Flugzeuge überhaupt starten konnten. Dazu der schnelle Vormarsch der deutschen Truppen – das weckte in uns zehnjährigen Buben natürlich so etwas wie Kriegsbegeisterung, die unser Klassenlehrer mit dem geschützträchtigen Namen Haubitz nach Kräften schürte. Als dann im Frühsommer 1940 die Katzelmacher – so nannte man nicht sehr respektierlich die Italiener – in den Krieg eintraten, prophezeite er uns, daß wir in acht Tagen Malta, in vierzehn Tagen Gibraltar erobern würden. »Und dann gehört uns das Mittelmeer!« Oberlehrer Haubitz schwärmte schon damals von Spaghetti und Lasagne und glaubte offenbar, die Nachfahren der alten Römer seien militärisch genauso begabt wie im Erfinden leckerer Bandnudeln. Er sollte sich irren. Kein einziger italienischer Stiefel betrat während des Krieges Malta oder Gibraltar. Unsere melodramatischen Bundesgenossen hatten genug damit zu tun, am Ende des Frankreichfeldzuges drei Stationen der Straßenbahnlinie Mentone-Nizza den erschöpften Franzosen zu entreißen. Ein Sieg, der in Deutschland nur belächelt, in Italien aber sicher groß gefeiert wurde. Das dürfte einen Witzbold gereizt haben, einen Bericht des italienischen Oberkommandos zu erfinden, den wir nicht oft genug erzählen konnten. Er lautete: »Unseren vereinten Land-, Luft- und Seestreitkräften ist es gelungen, einen feindlichen Radfahrer zum Absteigen zu zwingen. Das Vorderrad ist fest in unserer Hand, um das Hinterrad wird noch erbittert gekämpft.« Nach dem Polenfeldzug erlahmte unser kriegerisches Interesse. Der Krieg schlief ein bzw. beschränkte sich auf Spähtruppunternehmen »im Raume Forbach und Saarbrücken«, wie die stereotype Wendung im Dreizeilen-Bericht des Oberkommandos der Wehrmacht lautete.

Viele Soldaten wurden wieder entlassen, das Leben gewann friedliche Züge zurück. Nur im hohen Norden kämpften die tapferen Finnen gegen den Giganten Rote Armee. Obwohl Deutschland offiziell mit der Sowjetunion verbündet war, hegten wir alle große Sympathien für die Finnen und waren traurig, als das kleine Volk nach einem halben Jahr heldenhafter Verteidigung die Waffen strecken mußte.

Erst die Feldzüge in Norwegen und in Frankreich (Frühjahr 1940) ließen die Begeisterung wieder aufleben. Wer bewunderte nicht General Dietl und seine Gebirgsjäger, die Narvik gegen eine britische Übermacht behaupteten? Der Frankreichfeldzug brachte keinen ähnlichen Helden hervor. Aber es imponierte uns Jungen natürlich, wie schnell die Franzosen geschlagen wurden, wie »feige« die Engländer sich von Dünkirchen über den Kanal auf ihre sichere Insel retteten. Wer damals dem siegreichen Führer in den Arm gefallen wäre, hätte es mit dem Volkszorn zu tun bekommen! Das war keine Haltung, auf die man rückblickend sonderlich stolz sein braucht. Doch war man deshalb ein Nazi, weil man die Siege der Wehrmacht bejubelte? Bekanntlich haben sogar deutsche Juden im britischen Exil die deutschen Siege gefeiert – nicht unbedingt zur Freude ihrer Gastgeber.

Nach der Kapitulation der Franzosen herrschte wieder eine Art Halbfrieden, für fast ein Jahr, bis die Italiener auf dem Balkan zündelten, von den Griechen verprügelt wurden und Hitler sie vor einer fürchterlichen Blamage bewahren mußte. Der Krieg weitete sich ins Mittelmeer aus und wenige Wochen später nach Rußland. Davon war schon viel gemunkelt worden. Die Truppentransporte in Richtung Osten konnten schließlich nicht nur nachts fahren. Als es dann soweit war und am 22. Juni 1941 deutsche Truppen die Grenze zur Sowjetunion überschritten, war die Stimmung in der Öffentlichkeit eher niedergedrückt. Man brauchte sich ja nur die Landkarte von Rußland anzuschauen – das alles wollten wir auch noch erobern? An den Kurzkommentar unseres Deutschlehrers erinnere ich mich ganz genau. »So, heute abend sind wir zur Eroberung Rußlands aufgebrochen, am selben Tag wie Napoleon, am 22. Juni.« Mehr brauchte er nicht zu sagen. Obwohl wir erst in der 2. Klasse des Gymnasiums waren, kannten wir alle das Schicksal der Grande Armee.

Gute Schule in schlechter Zeit

Mit dem Gymnasium hatte ich großes Glück – oder besser: Mein Vater hatte den richtigen Riecher. Eigentlich wäre das St.-Matthias-Gymnasium die erste Wahl gewesen. Es war schließlich das katholische Gymnasium Breslaus, seit die Jesuiten dort im Zuge der Gegenreformation eine Schule eröffnet hatten. Die dazugehörige Kirche war die einzige nennenswerte Barockkirche im gotischen Breslau. Sie galt vielen als die schönste Kirche der Stadt, was mir nie einleuchtete. Mir kam sie zu bunt und zu schwülstig, ja beinahe kitschig vor, auf jeden Fall zu unernst für ein Gotteshaus. (Sieben Jahre später habe ich dieses vorschnelle Urteil abgebüßt, als es mich ausgerechnet in ein barockes Kloster verschlug …)
Mein Vater hatte zwar am St.-Matthias-Gymnasium sein Abitur gemacht; trotzdem entschied er sich für die protestantische Konkurrenz mit dem allerdings recht katho-

Das Maria-Magdalenen-Gymnasium

lischen Namen »Sankt-Maria-Magdalenen-Gymnasium«. Anfangs der vierziger Jahre feierte es übrigens ein äußerst seltenes Schuljubiläum: 625 oder 675 Jahre. Natürlich nicht mehr im ursprünglichen Gebäude, sondern in einem sehr modernen Bau, der nicht weit von unserer Siedlung lag. Sicher ein Grund für meinen Vater, diese Schule zu wählen. Aber es gab noch einen zweiten: Das katholische St.-Matthias-Gymnasium war stärker dem Druck der Partei ausgesetzt; sie hatte bereits eine Anzahl ihrer Leute in das Lehrerkollegium eingeschleust. Dem St.-Maria-Magdalenen-Gymnasium stand dagegen ein Oberstudiendirektor vor, der zwar auch Parteigenosse war (bzw. sein mußte), es aber meisterhaft verstand, den Einfluß der Hitlerjugend auf ein Minimum zu beschränken. So wurde bei uns noch bis 1944 der Religionsunterricht in den Klassenzimmern abgehalten, auch für die katholische Minderheit, während sonst der Religionsunterricht in die Pfarrhäuser und Sakristeien verbannt war. Mit Recht wurde dieser couragierte Mann nach dem Krieg trotz seiner NSDAP-Mitgliedschaft in Nürnberg sofort wieder mit dem Amt eines Oberstudiendirektors betraut. Im Dritten Reich wehrte er sich energisch gegen das Austrocknen des humanistischen Zweiges an seiner Schule. Seit ihrer Machtübernahme hatten die Nazis, geschworene Feinde des humanistischen Bildungsideals, den mathematisch-naturwissenschaftlichen Zweig, Oberrealschule genannt, mit allen Mitteln gefördert. Das war stadtbekannt. Darum schickte jeder, der im Dritten Reich etwas war oder werden wollte, seine Kinder auf diesen Zweig. Umgekehrt sammelte sich in den Klassen, in denen man Latein und Griechisch (und noch ein bißchen Englisch) lernte, der Nachwuchs der bürgerlichen Opposition. Dieser ideologische Klimaunterschied blieb auch uns Elfjährigen nicht verborgen. So pflegten wir im Schulhof fast keine Kontakte mit den Schülern der Parallelklasse, in der lauter begeisterte Pimpfe saßen. Bei uns gab es unter 26 Schülern nur einen einzigen, der seiner Linientreue wegen mit dem Amt des »Klassenführers« beauftragt wurde. (Vierzig Jahre später amtierte er als stellvertretender Minister in der DDR-Regierung und fuhr jedes Jahr zur Kaderschulung nach Moskau.) Einen sogenannten »Gottgläubigen«, wie sich die Konfessionslosen nannten, leisteten wir uns auch. Der ließ sich nach dem Krieg taufen, wurde sogar katholischer Priester, zuletzt Pfarrer in einer sächsischen Großstadt. Wer diesen beiden ihr künftiges Schicksal prophezeit hätte, wäre wohl in der Einbaumstraße gelandet. (Dort befand sich die Breslauer Irrenanstalt.)

Wie viele überzeugte Nazis fanden sich unter unseren Lehrern? Von dreien wußten wir es. Ausgerechnet die beiden Vertreter der Musen gehörten dazu. Der schon erwähnte Musiklehrer, sehr tüchtig in seinem Fach, aber von unnachsichtiger Strenge – er konnte zehn Minuten lang darüber jammern, wieviel Zeit ihm ein Schüler raube, der zwei Minuten verspätet in den Unterricht kam; dann der Stellvertreter des Chefs, der die Appelle im Schulhof abhalten durfte, und der Zeichenlehrer. Keiner trug seine Gesinnung so dick auf wie er; vielleicht weil außer dem Vornamen Siegfried nichts Nordisches an ihm war. Er sah eher wie Yassir Arafat denn wie Jung Siegfried aus. Das einzig Sympathische an ihm war seine hübsche Tochter. Ihn selber haßten wir – und ich muß gestehen, ich empfand kein Bedauern, als ich kurz vor Kriegsende in Görlitz an einer Anschlagsäule las, man habe ihn zum Tode durch Strang verurteilt, weil er die Festung Breslau in Frauenkleidern verlassen wollte! Uns hatte er zum Heldentod ermuntert.

Von drei Lehrern wußten wir, daß sie »dagegen« waren. Einer war unser Religionslehrer, Doktor der Theologie, der uns ausgezeichnet beibrachte, was wir auf kirchenfeindliche Äußerungen von Nazis erwidern sollten, vor allem auf die Vorwürfe, die Germanen seien durch das Christentum entmannt und verdorben worden. »Dagegen« war auch unser Deutschlehrer; der deswegen eines Tages mitten im Schuljahr das Unterrichten aufgeben mußte. Einige Schüler, denen er offenbar vertraute, lud er Wochen später in seine Wohnung zu einer Art Dichterlesung ein. Über sein Schicksal sprach er nie, deutete nur an, daß er in ein Provinznest versetzt worden sei. Aus einem Provinznest holte man den dritten »Antinazi«, einen ehemaligen Oberstudiendirektor und sozialdemokratischen Stadtverordneten. Er wurde reaktiviert, als alle verfügbaren Männer an der Front gebraucht wurden, allerdings wurde er zum Studienrat degradiert. Er gab Griechisch, ein Fach, das die Nazis aussterben lassen wollten. Würde es immer so unterrichtet wie von diesem Dr. Voigt, wäre es sicher unsterblich. Da er nicht weit weg von uns wohnte, durfte ich ihm manchmal die Hefte in die Wohnung bringen. Auf diese Weise entstand eine persönliche Beziehung, die ich durch einen glücklichen Zufall zehn Jahre später fortsetzen konnte.

Drei erklärte Nazis, drei erklärte Antinazis – dazwischen eine Mehrheit von »Mitläufern«, wie man sie später taufte. Und über allem der »Direx«, der den Einfluß der HJ so gering wie möglich hielt und voll und ganz hinter den Religionslehrern stand. Ich glaube nicht, daß eine solche Personalstruktur an einem Gymnasium typisch war für das Dritte Reich.

Unsere Klasse war, wie gesagt, »dagegen«, und das in einem Maße, das man mir nie recht glauben wollte, wenn ich davon erzählte. Es stimmt aber. Es stimmt zum Beispiel, daß wir uns jeden Morgen die neuesten politischen Witze laut erzählten, für die Erwachsene eingesperrt, ja zum Tode verurteilt wurden. Unseren Klassenführer brauchten wir nicht zu fürchten; er lachte selber gern über den fetten Göring und Klumpfüßchen Goebbels, und ein Schuft war er auch nicht. Als nach der Katastrophe von Stalingrad die »Frontbegradigungen« vorgenommen wurden – so nannte das Oberkommando der Wehrmacht die Rückzugsbewegungen im Osten – begannen einige von uns, auch ich, heimlich Feindsender zu hören, vor allem BBC London und Radio Moskau.

Mein Vater versohlte mir einmal kräftig den Hintern, als er mich dabei erwischte; er mußte fürchten, die Nachbarn, eifrige Hitleranhänger, könnten durch die dünnen Wände das berühmte BBC-Signal (die ersten Takte der 5. Symphonie von Beethoven) hören; dann wäre es ihm an den Kragen gegangen. In der Klasse versohlte mich niemand. Die neuesten Meldungen der Feindsender wurden ausgetauscht wie die Witze – allerdings nur im kleineren Kreise unserer sieben Mann starken Gruppe von Katholiken. An den Rand des berüchtigten Geschichtsbuches von Walter Gehl malten wir immer wieder Leiern und erklärten dem Lehrer, als er uns danach fragte, das sei eine alte germanische Leier. Er verstand genau, was wir damit meinten: den Hang des Autors, alles Gute und Schöne in der Weltgeschichte den Germanen zuzuschreiben, alles Schlechte und Schändliche den Juden und den Pfaffen. Der Lehrer sagte nichts. Vielleicht dachte er sich stolz: »Was für gescheite Schüler ich doch habe! Sie durchschauen den ganzen Schwindel.« Waren wir wirklich gescheit, etwa gar gescheiter als die Jugend von heute? Auf jeden Fall redeten wir sehr gescheit daher – nicht immer, aber oft. Viele von uns stammten aus bürgerlichen Familien mit gut gefüllten Bücherschränken. Die benutzten sie fleißig. Der Griff zur Fernbedienung am Bildschirm war ja noch nicht möglich. Gott sei Dank. Während wir uns im Deutschunterricht mit germanischen Helden herumschlagen mußten, verschlangen wir zu Hause Schillers Dramen. Und schwärmten davon und verfaßten selber fünfaktige Tragödien im fünffüßigen Jambus. Geläufige Zitate aus seinen Werken gehörten zum täglichen Wortschatz, wir begrüßten uns mit den Worten: »Spät kommt ihr, doch ihr kommt«, nach den Ferien mit: »Die schönen Tage in Aranjuez sind nun zu Ende, Eure königliche Hoheit« und so weiter. Wir wagten uns auch – mit unseren 14 Jahren – an Philosophen, Kierkegaard zum Beispiel, und ereiferten uns, ob er recht habe mit seiner Meinung, der »Don Giovanni« sei die Oper aller Opern. (Keiner von uns hatte den »Don Giovanni« gehört oder gesehen.) Vieles verstanden wir nur halb oder gar nicht, aber wir redeten darüber.

Zu einer Theateraufführung besonderer Art wurde eine Aufführung von Shakespeares »Hamlet« mit Breslaus beliebtestem Schauspieler Stefan Skodler in der Titelrolle. Die Bühnenhandlung fesselte mich ungemein: Geistererscheinung, Mord hinter der Tapete, Ophelias Wahnsinn, Zweikampf auf dem Friedhof und das blutige Ende bis zu Hamlets letzten Worten: »Der Rest ist Schweigen.« Das galt in diesem Falle auch für mich. Unser ehemaliger Oberministrant, der als Fliegerleutnant mit mir zusammen die Aufführung besucht hatte, sprach auf dem Heimweg auch nichts. Erst am nächsten Morgen sagte er, er habe die ganze Nacht nicht schlafen können, so sehr habe das Stück ihn aufgewühlt. Ich begriff nicht recht. Warum aufgewühlt? Den Grund vertraute er mir später an. Es hatte ihn aufgewühlt, weil die Situation Hamlets in gewissem Sinne auch seine und die seiner Freunde war. Sie wußten von den Untaten und Ungerechtigkeiten der Machthaber, zögerten aber, aus den unterschiedlichsten Rücksichtnahmen, etwas dagegen zu unternehmen. Genauso wie Hamlet. Mir war diese Dimension des Stückes verborgen geblieben. Karl May stand mir eben doch noch näher als Shakespeare, auch wenn ich das meinen Kameraden gegenüber nie zugegeben hätte.

Ein besonders hochgeschätztes Fach war im Dritten Reich die Biologie. Sie stand auch hinter Sport und Deutsch ganz oben auf der Zeugnisliste. Nicht wegen des Scharbockskrautes, das wir wochenlang mit dem botanischen Besteck sezieren mußten, sondern wegen der Rassenlehre. Wir fanden sie durchaus interessanter oder amüsanter als das Scharbockskraut, vor allem das »Rassenbestimmen«. Das ging so vor sich: Wir erhielten eine Anzahl Fotos von Köpfen oder ganzen Menschen und mußten dann aus den einzelnen Merkmalen (hohe Stirn, breite Backenknochen, Hakennasen, flächige Wangen, kasten- oder eierförmiger Kopf und dergleichen) die Rasse bestimmen: nordisch, fälisch, ostisch, ostbaltisch, dinarisch, westisch – das waren die europäischen, wenn ich mich recht erinnere; dazu kamen dann semitisch, hamitisch, mongolisch usw. Amüsant war es deshalb, weil wir natürlich nicht nur die fotografierten Köpfe bestimmten, sondern auch unsere eigenen und vor allem die Köpfe der Lehrer. Und dabei feststellten, daß die nordische Rasse in der Klasse häufiger vertreten war als im Lehrkörper. Vom semitischen Äußeren unseres Supergermanen Siegfried schrieb ich bereits; die einzige Lehrerin an unserem Gymnasium klassifizierten wir als westisch (dunkelhaarig und pummelig wie Südfranzosen), unseren Musiklehrer als ostbaltisch (wie die meisten Slawen) usw. Einem blauäugigen nordischen Hünen glich eigentlich nur unser »Direx«, ein wahrer Wotan im rassisch sehr durchsetzten Olymp unserer Schule. Aber darin unterschied sich unser Lehrkörper kaum vom Regierungskörper, wo von nordischen Rassemerkmalen weder bei Hitler noch bei Goebbels noch bei Himmler etwas zu entdecken war.

Die Rassenfrage hatte zwar, wie man sieht, für uns ihre verbotenen Reize, konnte uns aber auf die Dauer das »Nazifach« nicht schmackhaft machen. Büßen mußte das der Lehrer, den wir durch unsere Störmanöver zweimal zum Weinen brachten. Eine gute Note erntete ich in der Biologie darum nie.
Mir war die Erdkunde zehnmal lieber. Seit ich zu meinem zehnten Geburtstag Knaurs Weltatlas erhalten hatte, mit vielen Karten und noch mehr Text, war dieser meine Lieblingslektüre. Stundenlang konnte ich mich mit Landkarten beschäftigen und tue das heute noch gerne. Darum erlebte ich auch im Fach Erdkunde den größten Erfolg meiner schulischen Laufbahn: zweimal die Note 1 für eine Stegreifaufgabe von zehn Minuten Dauer. Es war wohl in der Quinta, wie die 2. Klassse des Gymnasiums damals noch genannt wurde. Wir nahmen Nord- und Osteuropa durch und sollten möglichst viele Städtenamen aus Skandinavien und der Sowjetunion aufschreiben. Einige brachten keine zehn aufs Papier, die meisten über zwanzig; über vierzig hatten nur drei aufgeschrieben. Dafür gab es bereits die Note 1. Einer hatte 42, der andere 51 und ich – mir blieb fast die Spucke weg beim Zählen –, ich hatte 127, davon 22 aus Skandinavien, der »Rest« aus der Sowjetunion. Dieser »Rest« hätte unserer Lehrerin fast den Rest gegeben. Ich mußte die Namen alle vorlesen. Immer wieder unterbrach sie mich: »Das gibt's gar nicht, das hast du erfunden.« Ich hatte aber nichts erfunden. Das konnte ich ihr mit Hilfe des Atlas beweisen. So gab sie mir, der Gerechtigkeit wegen, noch eine zweite 1.
Woher kannte ich so viele russische Städtenamen? Ganz einfach: Es war Herbst 41, deutsche Truppen marschier-

ten nach Osten, und jeden Tag brachten die Zeitungen Karten der einzelnen Frontabschnitte, die ich jedesmal genau studierte. Und mir merkte.

Nach dem Unterricht sagte ein Klassenkamerad zu mir: »Ohne Hitlers Einmarsch in die Sowjetunion hättest du dir die zweite 1 nicht verdient. Aber deswegen mußt du ihm nicht zeitlebens dankbar sein.«

Apropos Hitler. Einmal bekam ich den Leibhaftigen leibhaftig zu Gesicht. Er wurde zu irgendeiner Großkundgebung eingeflogen. Auf der Straße vom Flugplatz zum Sportfeld, auf dem der Aufmarsch stattfand, mußten wir Schüler Spalier stehen und Hakenkreuzfähnchen schwingen, bis der berühmte Mercedes mit dem Führer an uns vorbeibrauste. Wir waren enttäuscht. Nicht einmal gegrüßt hatte er. Und dabei galten die Österreicher doch als höfliche Leute!

Seine Stimme hörten wir öfter. Während des Krieges wurden auf Straßen und Plätzen Lautsprecher aufgestellt, die eigentlich für Informationen bei Fliegeralarm gedacht waren. Aber natürlich wurden auch die Führerreden übertragen; und es riskierte mißtrauische Blicke, wer allzu hastig an einem solchen Lautsprecher vorbeilief. Stehenbleiben war staatstreu.

Unser Klassenkampf

Wir waren damals 12, 13, 14 Jahre alt. Wenn ich heute Buben in diesem Alter vor mir sehe, kann ich mir nicht recht vorstellen, daß in ihren Köpfen dasselbe vorgeht wie damals in den unseren. Natürlich interessierten wir uns auch für Fußball, schmökerten im Karl May, blinzelten – meistens noch recht verstohlen – den Mädchen zu; aber unsere Gespräche wurden weit mehr von den kriegerischen Ereignissen und von politischen Anschauungen bestimmt.

Nachträglich beschleicht mich ein leises Erschrecken, wenn ich an unsere kecken Reden im Klassenzimmer zurückdenke. Hätte uns jemand verraten, so hätten ja nicht wir, sondern unsere Eltern den Kopf hinhalten müssen – vielleicht sogar buchstäblich. Zum Glück drang nichts über die Mauern unseres Klassenzimmers hinaus, nicht einmal der »große Aufstand« gegen Siegfried, den Zeichenlehrer. Wie alle echten Volksempörungen in der Weltgeschichte war dieser Aufstand nicht geplant. Die Stunde begann ganz harmlos. Wir sollten Runen zeichnen. Alte germanische Leier! Nun ja, warum sollten wir dem fetten Nazi mit den häßlichen Koteletten und einer hübschen Tochter den Gefallen nicht tun? Runen boten zeichnerisch keine unlösbaren Probleme. Wir malten also Rune über Rune, bis die Lebensrune an der Reihe war. Wir kannten sie vom Friedhof her. Hundertfünfzigprozentige Nazis ließen kein Sternchen und kein Kreuz vor das Geburts- und Todesdatum setzen, sondern die germanische Lebens- und Todesrune. Wir malen also brav unsere Lebensrunen – da sticht den Lehrer auf einmal der antichristliche Hafer und er behauptet, das PX – Pe-Ix gesprochen – sei aus der germanischen Lebensrune abgeleitet. Schon daß er Pe-Ix sagte, war für uns ein Beweis seiner humanistischen Unterlegenheit, und wir geruhten ihn aufzuklären, daß es sich bei seinem Pe-Ix um zwei griechische Buchstaben handele, das Chi und das Rho; das aber seien die Anfangsbuchstaben des Namens Christus. Natürlich wurmte ihn der Wissens-

vorsprung seiner Schüler, und er wurde sofort aggressiv. Widerlegen konnte er unsere Behauptung nicht; so schleppte er die verrosteten Waffen aus Alfred Rosenbergs antichristlicher Rüstkammer, genannt »Mythos des 20. Jahrhunderts«, heran. Er beschimpfte Bonifatius und die anderen römischen Sendlinge – lauter Engländer natürlich! – , weil sie unseren Vorfahren, diesen gesunden, nervenstarken, schöpferischen und diesseitsfrohen Germanenrecken, das Rückgrat gebrochen hätten! Diese hätten das Leben nie als Last empfunden und keine Entsagung gebraucht und erst recht keine Erlösung. Aber man habe in sie das Sündenbewußtsein hineingepredigt, bis sie sich, um heilig zu werden, in Schmutz und Dornen wälzten wie orientalische Weltverächter! Den letzten freien Stamm, die Sachsen, habe Karl der Große, sonst ein verdienstvoller Mann als Gründer eines germanischen Großreichs, auf Einflüsterung seiner kirchlichen Hofschranzen durch das Blutbad von Verden entmannt. Aus dem Julfest habe man Weihnachten gemacht und aus dem Fest der Frühlingsgöttin das Osterfest. Ja, wenn wenigstens daraus eine deutsche nationale Kirche entstanden wäre! Aber nein, alle derartigen Bestrebungen der großen Ottonenkaiser und der Staufer seien von den Päpsten mit List und Tücke vereitelt worden.
Und als wir uns erlaubten, auf die großen Kulturleistungen des christlichen Mittelalters hinzuweisen, die gotischen Dome zum Beispiel – da klärte er uns auf, daß es nicht christliche, sondern germanische Kulturschöpfungen seien. Oder hätten wir in einem christlichen Negerkral schon mal einen gotischen Dom gesehen? Nicht die Konfession, sondern die Rasse, das reine arische Blut sei die Quelle der Schöpferkraft im Menschen.

Nichts gegen Jesus persönlich; der sei vermutlich sowieso arischer Abkunft gewesen. Der epileptische Jude Paulus sei schuld an der Verjudung der Urkirche, der habe auch die Erbsünde erfunden, um sich mit diesem Trick die Sklavenseelen gefügig zu machen. So sei die Kirche zum Sammelbecken aller Schwächlinge und gescheiterten Existenzen geworden. Ob wir das Alte Testament schon einmal ganz gelesen hätten? Was da an Greueltaten, Gemeinheiten und Schweinereien geschrieben stehe, bringe sogar die Bolschewisten zum Erröten! Trotzdem halte die Kirche am Alten Testament fest!

Und dann versuchte er, unsere geschlossene Phalanx aufzubrechen und die evangelische Mehrheit unserer Klasse gegen unser kleines katholisches Häuflein aufzuhetzen. Der Luther, der habe wenigstens ein deutsches Christentum schaffen wollen, aber die Dunkelmänner aus Rom hätten das verhindert, mit den übelsten Praktiken natürlich. Übrigens lasse sich die ganze Priesterherrschaft auf etruskische, also asiatische Einflüsse zurückführen, genauso wie der Dämonenglaube, der sich dann im Hexenwahn austobte – selbstverständlich auch von der Kirche geschürt. In unserem Jahrhundert habe sich daran nichts geändert. Anstatt den Bolschewismus zu bekämpfen, hätten die politischen Katholiken die nationale Wiedergeburt bekämpft. Arm in Arm mit den Sozis! Priester hätten sich geweigert, Hakenkreuzfahnen zu segnen, und SA-Männern verboten, im Braunhemd Kirchen zu besuchen. Auf der Kanzel sei man feige, aber im Beichtstuhl und in der Sakristei werde gegen die Partei gehetzt und übelste Wehrkraftzersetzung betrieben. Das sei ja auch nicht verwunderlich; schließlich paktiere der Vatikan mit den Plutokraten (so nannte man die westlichen Kapitalisten), um einen deutschen Sieg zu verhindern; der Papst sei von seiner Abstammung her sowieso ein halber Jude. Überhaupt sei es vom nationalen Standpunkt aus unverantwortlich, daß deutsche Katholiken einem Ausländer jenseits der Alpen mehr gehorchen müßten als dem Führer Großdeutschlands. Das ganze Papsttum sei auf Schwindel aufgebaut, Petrus sei niemals in Rom gewesen, und so weiter und so weiter und so weiter. Für uns waren das olle Kamellen.

Wenn er geglaubt hatte, mit diesen Angriffen auf uns Katholiken die evangelische Mehrheit auf seine Seite zu ziehen, hatte er sich getäuscht. Nur unser einsamer Gottgläubiger in der ersten Bank gab keinen Laut von sich; er duckte sich nur, wenn die Salven unserer Gegenangriffe über ihn hinwegpfiffen. Des Lehrers Stimme wurde immer heiserer, seine Miene immer bösartiger. Aber wir, wir fürchteten uns nicht. Mit vierzehn Jahren läßt sich niemand die Chance entgehen, so recht von Herzen aufsässig zu sein, noch dazu aus einem so edlen Grund!

Und dann war er so unklug, sich auf den Zölibat einzuschießen. Unter den Priestern gebe es durchaus geistig hochbegabte und charakterlich wertvolle Männer, gab er zu. Dann aber legte er los: Unverheiratet zu bleiben, keine Familie zu gründen und keine Kinder zu zeugen, sei eine Schande, sei Verrat am deutschen Volk. Man habe die Pflicht, sein wertvolles Erbgut an Nachkommen weiterzugeben. Diesen Vorwurf hörten wir nicht zum ersten Mal und hatten die Antwort gleich parat: »Herr Studienrat, beleidigen Sie nicht die Person des Führers!« Das war ein Zitat; genauso hatte der Löwe von Münster, Bischof von Galen, auf entsprechende Vorwürfe der Nazis geantwortet. Unser Pfarrer hatte uns davon erzählt.

Doch das war leider nicht der erhoffte K.o.-Schlag, sondern machte Siegfried noch wütender. Mit solchen billigen Tricks kämen wir nicht durch, drohte er. Jetzt gehe es endlich der unheiligen Dreieinigkeit an den Kragen. (Damit meinte er Judentum, Bolschewismus und Kirche, die in den gehässigen Karikaturen der Nazipresse oft in der Gestalt eines schmierigen Handelsjuden mit dem Dollarsack, eines schnauzbärtigen Revoluzzers mit Hammer und Sichel und eines dicken Prälaten mit dem Rosenkranz verhöhnt wurden.) Die Juden seien bereits verschwunden, die Bolschewisten stünden kurz vor dem Aus und nach dem Sieg werde mit den »Dunkel-

männern« aufgeräumt. Wir sollten endlich damit aufhören, diesen Rattenfängern nachzulaufen!
In der letzten Reihe saß Hans, ein stiller Junge mit tiefliegenden Augen. Der hatte sich bisher an dem Wortgefecht nicht beteiligt. Jetzt aber erhob er sich, in einem Augenblick allgemeiner Erschöpfung – man könnte von einer Gefechtspause sprechen – und sagte mit seiner ungewöhnlich hohl klingenden Stimme: »Herr Studienrat. Sie können uns drohen, das tut uns nichts. Vergessen Sie nur nicht das Wort Christi, der gesagt hat: Himmel und Erde werden vergehen, aber meine Worte werden nicht vergehen.«
Da passierte etwas, womit niemand von uns gerechnet hatte. Der Lehrer gab auf. Er warf sich mit seinem massigen Oberkörper auf das Katheder und stöhnte haßerfüllt: »Raus, raus mit euch!« Keiner von uns gehorchte. Wir, die Sieger, sollten vor dem Besiegten das Feld räumen?
»Raus mit euch!« Dieses Mal klang es drohender. Noch immer rührte sich keiner vom Platz. Nur er. »Also, ihr wollt nicht. Dann gehe ich – zum Direktor!« Er stand auf, wankte zur Tür, öffnete sie und ließ sie hinter sich krachend zufallen.
Einigen wurde bange zumute. Hatten wir uns zu weit vorgewagt? Würde man uns von der Schule werfen? Oder müßten gar unsere Eltern für unsere Kühnheit büßen? Es geschah überhaupt nichts. Wahrscheinlich wagte Siegfried gar nicht, dem Direktor von unserem Aufstand zu berichten. Und sollte er es getan haben, wird ihm der Direktor gesagt haben: »Herr Kollege! Sie hätten die Jungen nicht so reizen dürfen. Sie waren sachlich im Unrecht. Ihr PX ist tatsächlich das Christuszeichen!«
Also geschehen in einer Zeichenstunde des Jahres 1943.

Wir waren damals dreizehn oder vierzehn Jahre alt. Runen brauchten wir nie wieder zu malen.

Der Wind dreht sich

Ein Jahr später siedelten Schüler des katholischen St.-Matthias-Gymnasiums zu uns über, weil ihre Schule immer mehr in die Hände der Nazis geraten war. In unsere Klasse traten zwei Angehörige des schlesischen Adels ein, zwei Grafen mit berühmten Namen. Ihre Väter wurden später im Zusammenhang mit dem Stauffenberg-Attentat auf Hitler verhaftet. Die Familien hörten monatelang nichts von ihnen. Ausgerechnet am Heiligen Abend erhielten sie die Nachricht, daß sie im Gefängnis »verstorben« seien. Das wurde nur im engsten Freundeskreis bekannt, zu dem die beiden Neulinge – sehr sympathische Jungen – sehr bald gehörten. Wir diskutierten dann in der Klasse, ob es besser sei, für einen Sieg Deutschlands oder für seine Niederlage zu beten. Wir liebten Heimat und Vaterland, aber wir wußten auch, was den Christen bevorstand, wenn Hitler den Krieg gewinnen sollte. Jenes furchtbare Dilemma, das Hunderttausenden von Soldaten zu schaffen machte, quälte schon uns Vierzehnjährige.
Vom Stauffenberg-Attentat auf Hitler am 20. Juli 1944 erfuhr die deutsche Öffentlichkeit erst durch eine Sondermeldung des Rundfunks am Nachmittag. Zuhause in Breslau hätte ich das von BBC London vielleicht schon am Vormittag erfahren. Ich war aber nicht zuhause, sondern in den Sommerferien. Die verbrachte ich in Ratibor bei einer Tante, die Ordensschwester war. Ihr

Kloster war in ein Lazarett umgewandelt worden, die Schwestern hatten sich in den ehemaligen Ställen des Klosters häuslich eingerichtet. Für mich war auch noch Platz. Meine Tante machte mich mit einem Jungen aus der Nachbarschaft bekannt, wohl aus der Einsicht heraus, daß für einen Knaben meines Alters der Umgang mit Klosterfrauen nicht den Gipfel des Ferienvergnügens darstellte. Ausgerechnet an jenem 20. Juli radelte ich mit meinem Ferienfreund zu einem Schloß, das früher der Familie des Dichters Joseph von Eichendorff gehörte. Mein Freund war mit den Schloßbesitzern gut bekannt. Wir saßen auf der Terrasse bei Malzkaffee und Pflaumenkuchen, als auf einmal das Radio meldete, eine Clique von verräterischen Offizieren habe ein Attentat auf den Führer versucht, der Führer sei aber unverletzt. Da rief die Tochter des Hausherrn, Beate hieß sie und hatte wunderschöne schwarze Haare, ganz ungeniert, daß es jeder hören konnte: »Hoffentlich glückt es das nächste Mal!« Ich war sprachlos. Das Mädchen kannte mich überhaupt nicht. Wenn ich nun ein braver Hitlerjunge war und sie pflichtgemäß denunzierte?

Es ist schon erstaunlich, welcher Mut – oder heiliger Leichtsinn? – manchen jungen Menschen beseelte. Ich weiß von Kameraden, die fast jeden Sommerabend mit dem Rad zum russischen Kriegsgefangenenlager fuhren. Zwei- oder dreimal war ich auch dabei. Es war jedesmal ein aufregendes, aber unvergeßliches Erlebnis. Die Gefangenen standen am Lagerzaun und sangen Lieder ihrer Heimat.

Posten waren kaum zu sehen. Trotzdem war es nicht ganz ungefährlich, den Gefangenen Brot und andere Eßwaren durch den Gitterzaun zu schieben. Sie wollten es übrigens nicht umsonst. Aber was für Gegengaben hatten sie schon anzubieten? Kleine Holzfiguren, die sie sich aus irgendwelchen Holzabfällen schnitzten, oder kleine Gefäße, Aschenbecher zum Beispiel, aus Blechdosen oder Lehm gefertigt. Am liebsten war es ihnen wohl, wenn wir sie zum Dank für das Brot zum Singen aufforderten. Einer aus unserem Kreis, ein zwölfjähriger Blondschopf in weißem Hemd und weißer kurzer Hose, wünschte sich nie etwas anderes. Wenn die Russen am Zaun den »Weißen« von der Ferne über die Brücke laufen sahen, die von unserer Siedlung zu ihrem Lager führte, formierten sie sich bereits zum »Chor« und stimmten ihre Lieder an, mehrstimmig natürlich, und es waren nicht nur traurige, sondern auch fröhliche Weisen darunter, »Kalinka« zum Beispiel! Das begeisterte uns mehr als die »Donkosaken«, die auch während des Krieges in Breslau alljährlich im Konzerthaus auftraten – vermutlich wollte die Partei damit unterstreichen, daß sie nur die Bolschewisten, nicht aber das russische Volk haßte und bekämpfte. Ich mußte an diese Gefangenen später oft denken. Hunderttausende von ihnen durften ja nach dem Sieg der Roten Armee nicht nach Hause, sondern wurden an ihrer Heimat vorbei nach Sibirien transportiert – angeblich fürchtete Stalin, die Gefangenen könnten erzählen, wie zivilisiert, technisch hochentwickelt und modern Deutschland sei. Sie dürften die ärmsten Opfer des Krieges gewesen sein, erst die harte Gefangenschaft, danach die Zwangsarbeit im Vaterland, das keines mehr für sie war.

Gefährlicher war es, Juden zu helfen. Im Winter 1944/45, als sich die Rote Armee Schlesien bedrohlich näherte, wurden Hunderte von deportierten Juden auf dem

Schulhof unserer Volksschule zusammengepfercht, wo sie im Freien kampieren mußten. Sie blieben oft nur eine Nacht dort, bevor sie weitertransportiert wurden. Dutzende deutscher Frauen, die das Elend der frierenden und halbverhungerten Kinder nicht mit ansehen konnten, schlichen sich im Schutz der Dunkelheit an den Zaun des Schulhofs, um den Unglücklichen warme Decken oder ein Stück Brot zuzustecken. Auch meine Mutter war dabei. Die Wachsoldaten blickten zur Seite, um keine Meldung erstatten zu müssen! Kein Geschichtsbuch wird je über solche guten Taten berichten, die in Zeiten öffentlicher Unmenschlichkeit im Verborgenen geschehen sind. Schade!

Doch ich bin den Ereignissen vorausgeeilt. Die entscheidende Wende des Krieges brachte der Winter 42/43, mit der Katastrophe von Stalingrad, dem Durchbruch der Engländer bei El Alamein (Ägypten) und der Gegenoffensive der Amerikaner im Pazifik. Welche Wirkung Stalingrad in der siegesgewohnten deutschen Öffentlichkeit auslöste, ist hinreichend bekannt. Die Zeitungen waren schon im Oktober 42 angewiesen worden, Artikel über die Eroberung Stalingrads zu verfassen, so zuversichtlich gab sich die deutsche Führung. Ein Vierteljahr später lautete die Überschrift: »Der heldenhafte Kampf in Stalingrad beendet«; den Untertitel: »Und damit auch der Krieg verloren« dachten sich viele Menschen dazu, auch solche, die wenige Wochen zuvor noch Hitler bejubelt hatten. Der Krieg machte jetzt auch keine Pausen mehr wie in den Jahren 1940 und 1941. Immer stärker wurde die Zivilbevölkerung in den mörderischen Strudel hineingerissen. Die Royal Air Force begann ihre Offensive gegen deutsche Großstädte, wobei immer mehr die

Das geistliche Herz der Stadt,
Dominsel mit Kreuzkirche und Dom

Wohngebiete zur Zielscheibe der Bomber wurden. In Breslau waren wir noch sicher, man nannte es den Luftschutzbunker des Deutschen Reiches. Damals stieg die Bevölkerung durch Evakuierte aus dem Westen auf über eine Million Menschen an. Nebenbei: Das kulturelle Leben erreichte eine nie dagewesene Blüte, ehe es im Sommer 44 dem »totalen Krieg« zum Opfer fiel. Im bombensicheren Breslau brauchten die Künstler nicht zu fürchten, daß ihre Konzerte durch Fliegeralarm vorzeitig beendet würden; außerdem fanden sie hier intakte Säle und Kirchen vor und mußten nicht in Kellern musizieren. Ich bin damals in viele Konzerte, vor allem Orgelkonzerte, gegangen und bewundere heute noch den Mut meiner Mutter, die mich dreizehnjährigen Buben allein durch die völlig verdunkelte Stadt zu den Konzerten fahren ließ, von denen ich meistens erst nach 22 Uhr

wieder nach Hause kam. Freilich, gerade wegen des Kriegszustandes waren die Straßen damals nachts sicherer als heute. (Genauso wie der Gesundheitszustand der deutschen Bevölkerung nie besser war als im Kriege – wegen des Mangels an Süßigkeiten, an Fetten, an Spirituosen, Nikotin usw. Doch werden diese zwei Positiva niemanden, der die Zeit erlebt hat, dazu veranlassen, um der erhöhten Sicherheit und der gesünderen Kost wegen einen Krieg herbeizuwünschen.)
Doch wenn wir in Breslau auch vom Bombenterror verschont blieben, Nachrichten davon erfuhren wir täglich aus dem Radio und von den ausgebombten Mitbürgern, die nach Schlesien strömten. Hamburg wurde im Sommer 43 eine Woche lang bombardiert. Als vierzehn Tage später in Breslau wie alle Jahre die »Deutschen Jugendmeisterschaften« stattfanden (mit Wettkämpfen in allen olympischen Disziplinen), wunderten wir uns, daß es überhaupt noch Teilnehmer aus Hamburg gab. Sie erhielten natürlich den stärksten Beifall. Aber was sie erzählten, ließ uns erschaudern, von völlig zerstörten Wohnvierteln, von Tausenden verschütteter Menschen, von unbegrabenen Leichen. Sollte unsere Heimatstadt dasselbe Schicksal ereilen? Hätte uns jemand gesagt, es werde Breslau noch schlimmer treffen, wir hätten es nicht geglaubt.
Doch mit dreizehn Jahren kann niemand dauernd an Schreckliches denken. Sogar der Bombenkrieg hatte seine sportliche Seite. Ein Sender – das hatten uns Flaksoldaten gesagt – gab allabendlich verschlüsselte Meldungen über feindliche Bomberverbände durch. Das heißt, sehr verschlüsselt waren sie eigentlich nicht. Das Reichsgebiet war in Planquadrate eingeteilt, senkrecht in

Buchstaben, waagerecht in Zahlen angegeben. Wir zeichneten uns diese Quadrate auf einer Deutschlandkarte ein und verfolgten nun gespannt, wie die Bomberverbände beispielsweise in A2 einflogen, dann nach B4 abbogen und sich in C5 teilten. Wir wetteten dann, welche Stadt wohl diesmal angegriffen würde. Breslau war zum Glück nie dabei, Dresden auch nicht, angeblich, weil dort alte Studienfreunde Churchills wohnten. Um so schlimmer traf es die beiden bisher verschonten Städte kurz vor dem Ende des Krieges. Breslau wurde Mitte Februar 1945 von der Roten Armee eingeschlossen. Damit begann ein elfwöchiger Kampf um jede Straße und jedes Haus, bei dem 80 Prozent aller Gebäude zerstört wurden. Dresden sank in einer einzigen Nacht (13./14. Februar) in Schutt und Asche. Wir waren in dieser Nacht mehr als 50 Kilometer weit entfernt, sahen aber den Feuerschein der brennenden Stadt am Himmel, obwohl Berge dazwischen lagen. Die sinnlose Zerstörung einer Kunstmetropole wie Dresden und der Tod von über hunderttausend Menschen im Bombenhagel und Feuersturm führte zu einem plötzlichen Stimmungsumschwung in den neutralen Ländern. Die Engländer wurden zu Barbaren erklärt, den Deutschen brachte man – wohl zum ersten Mal in diesem Krieg – Mitgefühl, ja sogar Sympathie entgegen; freilich nur so lange, bis die ersten Berichte über befreite Konzentrationslager in der Weltpresse erschienen.

Psychologisch erfüllten weder die britischen Bombardements noch die deutschen Gegenschläge mit V1- und V2-Raketen die Erwartungen, die Churchill wie Hitler in sie gesetzt hatten. Statt den Gegner zu zermürben, verstärkten sie seine Entschlossenheit, den Feind endgültig zu vernichten. Das dürften damals nur wenige durch-

schaut haben; heute kann man es in jedem deutschen und wohl auch englischen Geschichtsbuch lesen.
Gott sei Dank ist die Menschheit inzwischen sensibler geworden und nimmt die Tötung wehrloser Zivilpersonen nicht mehr ungestraft hin. Wer seine Bomberflotte auf Wohnviertel lenkte, würde von einem internationalen Tribunal als Kriegsverbrecher abgeurteilt werden, und Tieffliegerpiloten, die Jagd auf flüchtende Frauen und Kinder machten, müßten sich ihrer Kriegsauszeichnungen schämen.
Wenn ich später als Lehrer der oberen Gymnasialklassen die Schüler vor mir sitzen sah, mußte ich manchmal denken: In meiner Schulzeit wäret ihr gar nicht mehr da gewesen. Zu Kriegsbeginn wurden schon die Achtzehnjährigen eingezogen, 1941 oder 1942 waren die Siebzehnjährigen an der Reihe, 1943 holte man die Sechzehnjährigen zur »Heimatflak«, wo sie neben der militärischen Ausbildung auch noch Schulunterricht »genossen«. (Vielleicht genossen sie ihn manchmal wirklich als Abwechslung zum sturen Flakdienst.) Ende 1944 wurden Fünfzehnjährige zum »Volkssturm« eingezogen. Seltsamerweise fanden wir das irgendwie konsequent. Jedes Jahr ein Jahrgang früher an die Front. Männer waren wir ja schließlich schon, trotz unserer Knabenstimmen – oder nicht?
Damals brachte ich aus der Schule einen Witz mit nach Hause, über den meine Mutter gar nicht lachen konnte. Ein Hauptmann appelliert an fünfzehnjährige Volkssturmmänner: »Hört mal her! Ihr seid jetzt keine Kinder mehr, sondern Männer. Was seid ihr?« Und da antwortet die ganze Kompanie im höchsten Sopran: »Männer, Herr Hauptmann.«

Es war bedrückend, wie der Tod unter den jungen Menschen immer reichere Ernte hielt. Uns ging es vor allem nahe, wenn ein Freund aus unserer Pfarrjugend »auf dem Felde der Ehre« fiel. In einer Familie waren es drei Brüder, die kurz nacheinander in Rußland fielen. Niemand wußte genau wo, niemals würde jemand ihre Gräber besuchen können. Unser Pfarrer mußte fast jeden Tag eine Totenmesse halten.

Seit Stalingrad füllten sich die Kirchen wieder. Immer mehr Menschen fanden zum Glauben an Gott zurück, weil sie ihren Glauben an den Führer verloren hatten. Für die Pfarrer gab es keinen Ruhetag mehr, ihr Seelsorgedienst lief rund um die Uhr. Ein wenig davon bekam ich mit, weil ich mich plötzlich als »Oberministrant« wiederfand. Nicht wegen meines besonderen Eifers, sondern wegen der schlichten Tatsache, daß alle älteren zur Wehrmacht oder zur Heimatflak eingezogen waren.

Eines Tages verkündete mir unser Pfarrer freudestrahlend: »Du wirst es nicht glauben: Wir bekommen wieder einen Kaplan!« Das war wirklich überraschend. Am Anfang des Krieges waren unsere beiden Kapläne eingezogen worden. Und nun, mitten im Kriege, ein neuer Kaplan, der noch dazu ein Jesuit war? Des Rätsels Lösung ließ nicht lange auf sich warten. Aufgrund eines Führerbefehls waren die Jesuiten für »wehrunwürdig« erklärt worden, ausgerechnet einen Tag vor dem Tag, an dem unser Kaplan von seinem Bataillonskommandeur das Eiserne Kreuz verliehen bekam – oder richtiger: bekommen sollte. Als »Wehrunwürdiger« bekam er es natürlich nicht. Seinem Kommandeur war das furchtbar peinlich; er entschuldigte sich bei ihm für den »unverständlichen Führerbefehl«, aber befolgen mußte er ihn. Wir waren froh darüber. Wir hatten wieder einen Kaplan, und einen sehr tüchtigen! Als Oberministrant arbeitete ich viel mit ihm zusammen.

Ein Vorfall wie dieser Führerbefehl bestärkte unseren Entschluß, nicht für einen Sieg Hitlers zu beten. Wir liebten die Kirche mehr als das Dritte Reich.

Optimisten hatten erwartet, daß der Kirchenkampf während des Krieges nachlassen werde – genauso wie in der Sowjetunion. Dort, so hörte man von Soldaten, die auf Urlaub kamen, habe Stalin zu Beginn des »Großen Vaterländischen Krieges« wieder viele Kirchen öffnen lassen. Zum Dank habe der Patriarch von Moskau ihm versprochen, die Kosten für eine ganze Panzerarmee zu übernehmen. Der Grund für die Maßnahme Stalins war leicht einzusehen: Unter den Rotarmisten gab es Millionen gläubiger Christen. Wie sollten sie heldenmütig für ihr Vaterland kämpfen, wenn in diesem Vaterland der Vernichtungskrieg gegen das Christentum tobte?

War Hitler genauso schlau wie Stalin? Ließ der Kampf der Nazis gegen die Kirche während des Krieges etwas nach? Wir konnten das nicht beurteilen. Aber das lag natürlich daran, daß wir vor dem Kriege noch zu jung waren, um die Schikanen gegen die Kirche wahrzunehmen. Inzwischen freilich war unser kritischer Blick geschärft. So stellten wir zum Beispiel fest, daß in den Sonntagsgottesdiensten in den hinteren Bänken »ehrenwerte Herren« saßen und die Predigt eifrig mitstenographierten – Herren, die man früher in der Kirche nie gesehen hatte. Unsere Pfarrjugendführer wurden immer öfter auf den »Bann«, die Hitlerjugendzentrale von Breslau, zitiert und über ihre Tätigkeit in der Pfarrei verhört. Dann erzählten sie etwas von liturgischen Diensten, vom

Einüben von Kirchenliedern, von Bibelstunden und anderen Harmlosigkeiten mehr. Von unserem schwersten Verstoß gegen ihre Verbote haben weder die Spitzel noch die Aushorcher etwas erfahren.

Ein Ferienabenteuer der besonderen Art

Einen Gipfelpunkt unseres illegalen Gemeinschaftslebens stellten ohne Zweifel die sommerlichen Zeltlager dar. Die ersten beiden Male, 1941 und 1942, war ich leider noch zu jung, um mitfahren zu dürfen. Bei den Vorbereitungen zur dritten Fahrt, 1943, berichtete unser Führer, Günter mit Namen, wieviel Gefahren und Risiken mit einem solchen Unternehmen verbunden waren und was in den beiden Sommerfahrten zuvor Aufregendes und Erheiterndes passiert war.
Heute kann sich niemand mehr vorstellen, wie gefährlich ein so unschuldiges Ferienvergnügen wie ein Zeltlager war, ja daß es für den Führer unserer Gruppe und für unsere Eltern im Gefängnis hätte enden können. Das Monopol auf Zeltlager besaß die Hitlerjugend. Ohne ihre Genehmigung war keine Fahrt erlaubt. Als Ministrantengruppe hätten wir sie nie erhalten. Es durften also nur Jungen mitfahren, auf die man sich absolut verlassen konnte und bei denen nicht zu befürchten war, daß sie sich aus lauter Angeberei bei Schulkameraden verquatschten. Auch die Eltern mußten mitspielen. Sie gingen ein hohes Risiko ein: Wenn das illegale Zeltlager aufflog, wurden sie zur Rechenschaft gezogen. Manche Eltern hatten verständlicherweise schwere Bedenken, und es brauchte Günters ganze Überredungskunst, ihre

Zustimmung zu gewinnen. Erleichtert wurde das durch den Hinweis, daß ein Pater der Benediktinerabtei Grüssau bei einem befreundeten Bauern einen Zeltplatz für uns ausfindig gemacht hatte. Die Lage war ideal: in einem von einem Bach durchzogenen und mit Felsen umstandenen abgelegenen Waldtal an den Ausläufern des Riesengebirges, hundert Kilometer von Breslau entfernt.

Doch wie an diesen schönen Platz gelangen? Mit dem Zug oder mit dem Rad? Beides war riskant. Die Züge ins Riesengebirge wurden von den Streifen der HJ genauso kontrolliert wie die Ausfallstraßen aus Breslau. 1941 sah die Strategie meiner Freunde folgendermaßen aus: Sie tarnten sich als »Kameradschaftskreis« einer ehemaligen Jungvolkschar. Der Älteste von ihnen besorgte sich eine grüne »Affenschaukel«, ein Kordelband, das ihm den Rang eines HJ-Scharführers verlieh. Alle anderen zogen ihre HJ-Uniformen an, bildeten kleine Gruppen zu dritt und starteten während der Nacht in Abständen von einer halben Stunde. Da schlief die HJ noch, außerdem hatten sie wenig Interesse an kleinen Gruppen. Bis zum Abend trafen alle am Zielort ein, bauten das Lager auf, spannten eine Wäscheleine zwischen beide Zelte und hängten ihre verschwitzten HJ-Klamotten daran. So schien das »Kameradschaftstreffen« hinreichend kenntlich gemacht.

Vielleicht lockte gerade das die HJ auf den Plan. Eines Morgens tauchte ein Forsteleve auf und stellte sich als Stammführer der hiesigen Hitlerjugend vor. (Stammführer geboten über drei oder vier Fähnlein, also ungefähr 500 Pimpfe, und waren mächtige Leute.) Er begann herumzuschnüffeln, studierte unseren Tagesplan und wunderte sich, daß für morgens und abends ein gemeinsames Gebet eingeplant war. »Was soll das heißen?« fragte er, »seit wann beten Hitlerjungen?« Einer von der Zeltwache fragte, scheinbar verwundert, zurück: »Ja, beten Sie denn nie für Führer, Volk und Vaterland?« Und dann erfand er aus dem Stegreif ein Gebet für den Führer und fragte noch einmal: »Ja, kennen Sie das wirklich nicht?« Kopfschüttelnd verließ der Stammführer das Lager, drohte aber, uns bald wieder zu besuchen, und zwar nicht allein. Deshalb fürchteten meine Freunde, daß er nachts mit einer Horde von Hitlerjungen das Lager überfallen könnte. So wurde jeder mit einem Knüppel ausgerüstet und der Wald jeden Abend nach feindlichen Vorposten abgesucht. Zum Glück entdeckten wir keinen.

Im Sommer 1943 verlief das Zeltlager ohne jede Störung. Unser Anführer, Günter, war nicht so vorsichtig wie seine Vorgänger. Weder tarnten wir uns als Hitlerjungen, noch teilten wir uns in kleine Gruppen auf. Die nächtliche Wache im Lager behielten wir in den ersten Nächten bei, weniger aus Furcht vor einem Überfall, sondern mehr als Mutprobe. Ich hatte sie bitter nötig. Mich traf es von zwei bis vier Uhr morgens. Noch heute denke ich mit Schrecken daran zurück. Bei jedem Knacken in den Büschen, bei jedem Laut eines Vogels, bei jedem Rascheln im Laub zuckte ich zusammen und riß meine Waffe – einen Holzknüppel – hoch. Doch es tauchte kein »Nazischwein« auf, nur zwei Wildsäue trotteten friedlich über die Lichtung.

Auf der Fahrt ins Zeltlager hatten wir einen Umweg über das Städtchen Braunau im Sudetenland gemacht, wo wir in der Benediktinerabtei zu übernachten hofften. (Es ist jenes Braunau, das Feldmarschall und Reichspräsident

von Hindenburg für den Geburtsort Hitlers hielt, weshalb er ihn verächtlich als »böhmischen Gefreiten« bezeichnet haben soll.) In schlesischen Klöstern und Wallfahrtsorten war Übernachten jederzeit möglich. Um »Auslaufmodelle« – und dazu gehörten die Ordenshäuser – kümmerten sich die Nazis wenig. Ganz anders im Sudetenland. Wir fanden die Abtei mühelos – sie erhebt sich hoch über der kleinen Stadt –, aber wir fanden kein Quartier. An allen Türen Schilder von irgendwelchen Nazi-Organisationen, außer an der Klosterpforte. Dort begrüßte uns auch ein Pater, blickte aber dabei dauernd ängstlich um sich, ob auch ja kein Naziauge auf uns und ihn gerichtet sei. Im Kloster könnten wir leider nicht übernachten, erklärte er mit gedämpfter Stimme. Die Nazis überwachten die Kirche im Sudetenland viel schärfer als im Altreich. Wir waren sehr enttäuscht. Er sagte uns, er werde uns bei einer Frau unterbringen, die über einen geräumigen Dachboden verfüge; wir sollten aber ja nicht in geschlossener Formation hinradeln, sondern einzeln, in großen Abständen. Und auf keinen Fall sagen, daß wir aus dem Kloster kämen. Das würde die Patres in größte Schwierigkeiten bringen, sie würden auf Schritt und Tritt von der Partei überwacht. Es war also nichts mit der erhofften Klostersuppe! Und wir atmeten auf, als wir nach der Nacht im Sudetenland wieder über die Grenze nach Schlesien gelangten.
Im selben Sommer verbrachten zwei Freunde die Ferien in der Steiermark. Sie erzählten uns, die Kirche stünde in Österreich viel mehr unter Druck als im Altreich. Wahrscheinlich hing das damit zusammen, daß Hitler Österreich und das Sudetenland ans Reich anschloß, als sein Zorn auf die Kirche am größten war, vor allem wegen der

Enzyklika Pius' XI. In diesem Rundschreiben machte der Papst die entscheidenden Unterschiede zwischen Christentum und Nationalsozialismus deutlich und warf Hitler mehrfachen Wortbruch vor. Außerdem gehörten die angegliederten Gebiete nicht zum Geltungsbereich des Reichskonkordats, das immerhin einen gewissen Schutz gegen die Willkür des Regimes darstellte.

Für uns jedenfalls waren das »Kostproben«, was uns Katholiken nach einem »Endsieg« erwartete. Darum kann ich nur lachen, wenn ich heute in bestimmten Medien von einem Paktieren der Kirche mit den Nationalsozialisten lese. Es gab ein Taktieren mancher Bischöfe,

Volkssturm rückt zur Panzerabwehr aus

die hofften, auf diese Weise das Naziregime möglichst ohne Schaden zu überstehen, aber kein Paktieren. Wer damals, wie meine Familie und meine Freunde, überzeugt katholisch war, war auch davon überzeugt, daß die Nationalsozialisten fanatische Gegner der Kirche waren und sie nach dem Kriege ausrotten wollten. »Christus krepiert, HJ marschiert!« lautete ihre Parole. Unter den mehreren hundert Priestern der Stadt Breslau lief ein einziger mit dem Parteiabzeichen herum; bei den evangelischen Pastoren waren es erheblich mehr, und ihre theologische Fakultät wurde von den regimetreuen »Deutschen Christen« beherrscht. Die zwei Söhne evangelischer Pastoren in meiner Klasse allerdings waren ganz entschieden auf unserer Seite.

Dem Ende entgegen

Im Sommer 44 erklärte Goebbels in seiner berüchtigten Rede in der Krolloper (der Sportpalast, Schauplatz seiner früheren Redeorgien, war längst zerbombt) den »totalen Krieg«. Alle verfügbaren Männer mußten zur Wehrmacht, alle Frauen in die Rüstungsfabriken. Der »Volkssturm« wurde gegründet, der nicht der Wehrmacht, sondern den Gauleitern unterstellt war. Vom 16. bis zum 66. Lebensjahr gehörte man dazu. Wir waren gerade 15. Für uns gab es eine andere patriotische Pflicht: an der ehemaligen schlesisch-polnischen Grenze Panzergräben ausheben. Die Rote Armee näherte sich bereits der Weichsel, und von den verheißenen deutschen Wunderwaffen war nur (im Radio) zu hören, nichts zu sehen. Als wir für den Einsatz im sogenannten »Unternehmen

Barthold« gemustert wurden, stellte mich der Arzt wegen eines Herzklappenfehlers zurück – ich hatte nur über gelegentliches Seitenstechen geklagt. Vielleicht hat ihn meine Sopranstimme nachsichtig gestimmt. Außer drei anderen Kameraden mußten alle zum »Schanzen«, von September bis Ende Oktober. Für uns »Invaliden« wurde es die letzte wunderschöne Zeit in Breslau. Wir mußten uns zwar um 8 Uhr in der Schule melden; dann krähte kein Hahn mehr nach uns, wir hätten sein Krähen auch nicht gehört, wir liehen uns Paddelboote aus und verbrachten den ganzen Vormittag auf der Oder.

Als die Kameraden vom Schanzen zurückkehrten, besuchten sie wieder gerne den Unterricht. Übrigens: Aufhalten konnten die von ihnen errichteten »Festungsanlagen« die Panzer der Roten Armee keine Stunde lang. Doch Siegfried verkündete stolz: »An eurem Wall wird die Wut der Feinde zerbrechen!«

Der Rest unserer Pfarrjugend (vorwiegend Mädchen) radelte zum Fest der hl. Hedwig (16.10) in den nahen Wallfahrtsort Trebnitz, wo diese Patronin Schlesiens begraben liegt. Da wurde ein Hedwigsspiel aufgeführt, das uns tief aufwühlte. Wahrscheinlich im Zusammenhang mit dem Mongolensturm von 1241, bei dem Hedwigs Sohn, der junge Herzog Heinrich, getötet wurde, ertönte immer wieder der Ruf: »Wehe Schlesien, wehe du unglückliches Land, wehe, du wirst verwüstet werden und zerstört, wehe Schlesien!« Wir sprachen auf dem Heimweg kaum. Alle waren von düsteren Ahnungen erfüllt. Wir hatten bereits die ersten Fliegeralarme hinter uns, die ersten Flüchtlingstransporte rollten durch die Stadt, die Durchhalteparolen der Naziführer klangen immer nervöser. Nach vier Jahren Pimpfendasein wurde man in die eigentliche Hitlerjugend aufgenommen, durch eine feierliche Vereidigung (oder hieß es nur »Verpflichtung«?). In Breslau fand diese festliche Veranstaltung in der Jahrhunderthalle statt, dem damals größten profanen Kuppelbau der Welt; er war von dem Architekten Poelzig anläßlich der Hundertjahrfeier der Völkerschlacht von Leipzig errichtet worden. Die Polen machten später ein Mammutkino und einen Boxring daraus. 20.000 Menschen hatten darin Platz, also auch die Tausenden von Jungen und Mädchen und ihre Eltern. Diese Vereidigung war so etwas wie Konfirmationsersatz, ähnlich der Jugendweihe in der DDR. Und genau deshalb wollten wir ihr entkommen. Wir, das war die katholische Minorität in unserer Klasse. Unter den Tausenden wäre es zwar kaum aufgefallen, wenn wir den Eid nur mitgemurmelt hätten oder nur stumm die Lippen bewegt hätten – doch unser Gewissen und unser Idealismus sträubten sich gegen einen solchen faulen Kompromiß. Was also tun? Plötzlich erkranken? Alle sieben oder acht? Den Schwindel hätte man schnell durchschaut. Wer half uns aus der Patsche? Ausgerechnet »unsere erklärten Feinde«: die Engländer, Luftmarschall Harris und seine Bombergeschwader. Auf Breslau war bisher noch keine Bombe gefallen, doch man fürchtete, die Stadt könnte eines der nächsten Ziele der britischen Angriffe werden. Darum wurde in unserem Gymnasium ein Luftschutzdienst eingerichtet. Jede Nacht mußten zwei Lehrer und acht Schüler Feuerwehr spielen. Die Lehrer kampierten im Sekretariat, für die Schüler wurden vier Doppelstockbetten in einem unbenutzten Klassenzimmer aufgestellt. (Unbenutzte Klassenzimmer gab es genug, da die oberen Klassen alle zum Arbeitsdienst oder Militär eingezogen waren. Wir Fünfzehnjährigen im 5. Gymnasialjahr bildeten die höchste vollständige Klasse.) Feuerwehr mußten wir zum Glück nicht spielen, dafür spielten wir Skat, fast die ganze Nacht hindurch. Um 6 Uhr durften wir dann nach Hause, mußten aber zur vierten Unterrichtsstunde wieder erscheinen. Es wurden immer sehr lustige Nächte, besonders jene vor der Vereidigung. Wir schafften es nämlich alle acht, für den Luftschutzdienst eingeteilt zu werden. Und da die Vereidigung um 8 oder 9 Uhr stattfand, hatten wir einen wahrhaft vaterländischen Grund, nicht zu erscheinen: Rettung der Schule bei einem Bombenangriff. Ob wir sie im Brandfalle gelöscht hätten mit unseren zehn Löschgeräten? Wahrscheinlich kaum. Selbst wenn wir es gewollt hätten – aber einige von uns hätten es wahrscheinlich nicht gewollt.

Das Jahr 1944 ging zu Ende. Die sechste Kriegsweihnacht nahte. Jeder hoffte, daß es die letzte sei. Doch in was für einem Frieden würden wir die nächste Weihnacht feiern? Die Stimmung der Leute war sehr gedrückt.

Unsere Familie hatte die große Freude, an diesem Weihnachtsfest noch einmal zusammen zu sein. Mein Vater und mein Bruder erhielten Urlaub zum Fest. Mein Vater neigte schon immer zum Pessimismus – er sagte allerdings: zum Realismus! – und meinte, der Krieg werde nicht mehr lange dauern, aber ein fürchterliches Ende nehmen, Hitler werde nicht aufgeben, bevor alles in Trümmern liege. Vaters Realismus sollte recht behalten. Als die Schule nach den Weihnachtsferien wieder begann, fehlten zwei Klassenkameraden. Sie hätten sich nach Westen abgesetzt, sie wollten lieber den Amerikanern als den Russen in die Hände fallen, hieß es. »Feiglinge!« kommentierte unser Klassenführer. »Sobald sich

Familie Seipolt Weihnachten 1944,
das letzte Zusammensein im Elternhaus

der Feind der Reichsgrenze nähert, werden die Wunderwaffen eingesetzt.« »Dummkopf!« hätte ich am liebsten entgegnet, doch man mußte damals auch in unserer Klasse vorsichtig sein. Die Nazis waren nervös und schnell mit einer Anzeige wegen Volksverhetzung und Defätismus zur Hand.

Den ersten Bombenangriff auf Breslau erlebte ich im Bunker des Rundfunksenders – übrigens der einzige Sender des Reiches, der außer dem Deutschlandsender noch ein eigenes Programm ausstrahlte. Dort probte unser Auswahlchor der Hitlerjugend für ein großes Konzert anläßlich der Zwölfjahresfeier der Machtergreifung Hitlers am 30. Januar 1933. Anscheinend glaubten Unbelehrbare noch immer an ein Tausendjähriges Reich.

Dieser erste Bombenangriff richtete keinen allzu großen Schaden an. Der sowjetischen Luftwaffe, die diesen Angriff durchführte, fehlte die Erfahrung der Engländer und Amerikaner im Flächenbombardement. Leider wurden ausgerechnet einige Häuser in unserer Siedlung zerstört. Über zwanzig Menschen verbrannten in ihren Wohnungen, und es wären noch mehr gewesen, hätte nicht ein mutiger Mann sieben Menschen aus den Flammen gerettet. Niemand erkannte ihn. Man wollte ihn auszeichnen, er sollte sich melden. Er tat es nicht. Er hatte üble Erfahrungen mit Auszeichnungen gemacht: Es war unser Kaplan von der Gesellschaft Jesu.

Der zweite Bombenangriff fand bei Tage statt, an unserem letzten offiziellen Schultag. Wir wußten das nicht, wir ahnten es höchstens, als wir die vielen leeren Plätze sahen. »Was ist hier los? Warum fehlt die Hälfte?« »Unentschuldigt, nehme ich an«, sagte mein Nachbar. »Man weiß ja, was das heißt. Diese Angsthasen! Fürchten wahrscheinlich, russischen Panzern auf dem Schulweg zu begegnen. Dabei haben die noch nicht einmal die alte Reichsgrenze erreicht und dort müssen sie erst mal unsere Befestigungsanlagen überwinden.« Er grinste spöttisch, er hatte mit Schaufel und Spaten beim Unternehmen Barthold mitmachen müssen. »Uns kann's recht sein: Je weniger Schüler, desto weniger können die Lehrer von uns verlangen. Was wollen sie machen, wenn die halbe Klasse fehlt? Nicht einmal der Voigt kann so grausam sein.«

Voigt, der bereits erwähnte Griechischlehrer, den man vor Jahren wegen politischer Unzuverlässigkeit aus dem Schuldienst gefeuert, im vorletzten Kriegsjahr aber reaktiviert hatte, war aber so grausam. Er begrüßte uns wie gewöhnlich mit: »Guten Morgen« und ließ uns den Xenophon aufschlagen, als wäre es ein Tag wie jeder andere. Bemerkten etwa seine kurzsichtigen Augen die dünne Besiedlung unseres Klassenzimmers nicht? »Dem könnte auch etwas Gescheiteres einfallen, als uns mit diesem ollen Griechen zu schikanieren«, flüsterte mir mein Nachbar ins Ohr. Da wurde er schon aufgerufen, das letzte Kapitel zu wiederholen. Er begann: »Von da an marschierten sie durch tiefen Schnee und durch die Ebene drei Tagemärsche, fünfzehn Parasangen. Der dritte Tagesmarsch wurde beschwerlich. Denn ein Nordwind stellte sich ihnen entgegen, durch den alles ganz und gar erfror, und die Menschen erstarrten.« – Er machte eine Pause. In die kurze Stille hinein hörten wir den Lautsprecher auf der Straße: »Die Bevölkerung der Stadtteile rechts der Oder wird aufgefordert, die Wohnungen zu verlassen!« Mein Gott, die Rote Armee rollt heran und wir übersetzen Xenophon. »Fahr fort!« mahnte der Lehrer. Fahr fort! dachte ich, aber nicht im Xenophon, sondern wie die anderen Kameraden im Schnellzug ins Gebirge, nach Sachsen, Thüringen oder gleich nach Bayern! Weiß dieser sonst so kluge Lehrer nicht, was auf dem Spiel steht? Hört er denn keine Feindsender wie wir? Verschließt er die Augen vor den Flüchtlingsströmen, die seit zwei Tagen durch unsere Straßen zogen? Nein, er hatte nur Augen für schwierige Satzkonstruktionen, für Partizipien und Infinitive, duldete keine Abschweifung und zwang uns tatsächlich, mit dem Rest der zehntausend Griechen durch den armenischen Winter zu marschieren.

Unerbittlich hielt er uns an der Kette der Disziplin und versuchte uns klarzumachen, warum Xenophon bei der Schilderung des Elends nur sparsame Mittel verwende, warum übermenschlichem Leid gegenüber einfache

Worte angemessener seien als pathetische. Schließlich übersetzte er den letzten Satz des Kapitels selber: »Als Xenophon bemerkte, daß welche zurückblieben, drang er auf jede Weise in sie, doch weiter zu marschieren. Die Feinde, sagte er, folgen in großer Zahl. Zuletzt wurde er zornig. Sie aber flehten ihn an, sie niederzuhauen, sie könnten nicht mehr weiter.« Er schloß das Buch. »So. Diesen Abschnitt wiederholen wir morgen. Sollten wir dazu keine Gelegenheit mehr haben, wünsche ich euch, daß dieser Text für euch immer Literatur bleibt und ihr seine Wahrheit nie am eigenen Leib erfahren müßt.« Ich habe später auf unserer Flucht an diese Worte oft gedacht.

Siegfried hatte mehr Einsehen mit uns, begann stramm wie immer: »Wir schauen uns in die blauen deutschen Augen und grüßen: Heil Hitler!« Wir grüßten weniger stramm zurück und setzten uns. Er wisse es aus sicherer Quelle: Breslau werde zur Festung erklärt! Die Zeit des Lernens sei also für uns vorbei, zumindest für die Zeit bis zum Endsieg. Nun übernehme das Leben selber unsere Erziehung. Wir sollten uns des großen Vorzugs bewußt sein, am Entscheidungskampf unseres Volkes persönlich teilnehmen zu dürfen. Erst eine Nation, auf sich allein gestellt, beweise ihre Größe. Der Starke sei am mächtigsten allein. Nichtswürdig eine Nation, die nicht freudig alles an ihre Ehre setze – und was der Klassikerzitate mehr zu seinem Redeschatz gehörte, hämmerte er uns ein, bis hin zu: »Süß und ehrenvoll ist es, für das Vaterland zu sterben.« Lateinisch wagte er diese berühmten Verse nicht zu zitieren, er hatte mit uns Humanisten ja schon schlechte Erfahrungen gemacht. »Und solltet ihr morgen statt der Schulmappen Gewehre tragen, denkt an das, was ich euch in dieser Stunde zugerufen habe!« Wir achteten kaum auf ihn, wir kannten sein Nazi-Blabla. Wir hörten in den Pausen seiner Sätze nur auf das Ticken der Lautsprecher, auf das Rumpeln der Bauernwagen aus dem Osten und den müden Marschtritt der zehntausend Griechen im armenischen Winter. Ja, auf den auch.

Da erschien der stellvertretende Direktor und forderte uns auf, gemeinsam zum Freiburger Bahnhof zu fahren, um den Flüchtlingen aus dem Osten beim Umsteigen und Verladen zu helfen.

Dankbar für diese Abwechslung klappten wir die Schultaschen zu, zogen die Mäntel an und verließen die Klasse. Siegfried rief uns noch ein strammes »Heil Hitler« zu. Eine Antwort erhielt er von uns nicht mehr.

Am Bahnhof erhielten wir gelbe Armbinden und kurze Anweisungen. Bald waren wir eingekeilt von einer drängenden und schiebenden Menschenmasse, wurden gestoßen und getreten von schreienden Kindern, jammernden Müttern, keuchenden Alten, und mußten doch immer Tuchfühlung halten mit den Menschen, deren Gepäckstücke wir schleppten. Sonst war gleich die Hölle los, wir wurden als Diebe beschimpft. Pausenlos stiegen wir, mit Koffern beladen, von der Unterführung zum Bahnsteig hinauf und wieder zurück. Mir ging beinahe die Puste aus. Es wurde Mittag, aber zu essen gab es nichts. Wir sehnten uns in den Unterricht zurück, vor allem in die Griechischstunde, aber wir hätten auch Siegfried akzeptiert.

Bisher hatten wir vom Elend, das der Krieg über die Menschen bringt, eigentlich nur gehört oder gelesen, aber nichts erlebt. Jetzt wurden wir zum ersten Mal hautnah mit ihm konfrontiert. Es war wie ein Schock. Polizisten und uniformierte Bahnbeamte waren nicht zu sehen. Niemand wußte, wann wohin welche Züge fuhren, so daß die Menschen oft von einem Bahnsteig zum anderen rennen mußten und die allgemeine Verwirrung vergrößerten.

Die meisten dieser Flüchtlinge kamen aus Oberschlesien, wohin die Panzerspitzen der Roten Armee bereits vorgestoßen waren. Wenn sie das Tempo ihrer Offensive beibehielten, konnten sie in drei Tagen vor Breslau erscheinen. Aber davor würde uns die Wehrmacht bewahren. Und sollten ihre Kräfte wirklich nicht mehr dafür ausreichen, würde es bestimmt zu Verhandlungen der deutschen und sowjetischen Führung über einen Waffenstillstand kommen. So verrückt konnte Hitler doch nicht sein, die Rote Armee ins Reichsgebiet eindringen zu lassen. Hatte er nicht schon einmal, 1939, die Welt durch sein Abkommen mit Stalin überrascht? Warum sollte er dieses Spiel nicht wiederholen? Radio Moskau, von mir fleißig abgehört, ließ immer wieder Versuchsballons in diese Richtung steigen. Kein Wunder, die Rotarmisten waren bestimmt genauso kriegsmüde wie die deutschen Landser. Bewegten mich und meine Kameraden damals, in dieser Situation, solche Gedanken? Sicher nicht. Wir schleppten Gepäck, wir halfen den Müttern, ihre Kinder, und den Kindern, ihre Mütter zu finden, leider nicht immer mit Erfolg. Als es dann der Bahnpolizei endlich gelang, eine gewisse Ordnung in das Chaos zu bringen, heulten die Sirenen auf. Fliegeralarm! Alles machte kehrt und suchte vom Bahnsteig in die Luftschutzkeller oder wenigstens in die Unterführung zu gelangen. Unbeschreibliche Panik machte sich breit. Die Züge dampften aus dem Bahnhof, um die freie, vom Wald umsäumte Strecke zu gewinnen, wo die feindlichen Piloten sie nicht so leicht ausfindig machen würden.

»Hoffentlich sind's wieder bloß die Russen und nicht die Engländer«, sagte jemand hinter mir, und ein anderer antwortete: »Klar, Engländer fliegen nie am Tag, das sind nachtaktive Bilche.« Der Mann hatte Humor. Und recht dazu. Für uns Helfer mit den gelben Binden war ein Bunker reserviert, es drängten sich aber auch Flüchtlinge hinein. Mit einigen kamen wir ins Gespräch und fragten sie, warum sie nicht fürs erste in Breslau blieben. Die Stadt sei praktisch eine uneinnehmbare Festung. Noch nie im Verlauf der deutschen Geschichte sei eine so große Stadt von Feinden erobert worden. Das wußten wir von unserem Biologielehrer, dem ehemaligen Reichswehroffizier, einem Fachmann also. Doch auf die Flüchtlinge machte unser Ermutigungsversuch keinen Eindruck. Sie waren voller Angst vor den Russen, obwohl es in ihrer Heimat zu keinen Kampfhandlungen gekommen war. Sie wollten möglichst schnell weiter nach Westen; damit war das schlesische Bergland vom Isergebirge bis zum Altvatergebirge gemeint. Und damit handelten sie genau richtig, wie sich bald herausstellte. Die sowjetische Offensive kam am Fuß der Berge zum Stehen. Erst nach der Kapitulation wurde das Bergland kampflos besetzt.

Nach einer Viertelstunde waren Detonationen zu hören, nicht viele, aber einige davon in solcher Nähe, daß unser Bunker zu beben anfing. Wir rückten ängstlich zusammen. Einer der Flüchtlinge rief uns Helfern höhnisch zu: »Da habt ihr eure uneinnehmbare Festung. Bombensicher ist sie jedenfalls nicht.« Und dann wetterte er, in zwei Tagen würden wir genauso nach Westen abhauen wie er.

Wir erwiderten nichts. Waren wir in Breslau doch nicht so sicher, wie wir glaubten?
Zehn Minuten später gaben die Sirenen das Zeichen zur Entwarnung. Wir eilten die Treppe zum Bahnsteig hinauf. Keine Spur von Bombeneinschlägen, keine Brände in der Umgebung des Bahnhofs. Die ausgefahrenen Züge kehrten zurück, und manche Kinder fanden ihre Mütter wieder. Aber die Angst hatte sich in uns eingenistet und wollte nicht mehr weichen. Wie lange würde ich mit meinen besten Freunden noch zusammen sein?
Um einen machte ich mir sofort große Sorgen: um Paul. Er war am Morgen nicht in der Schule erschienen und hatte natürlich auch nicht den Einsatz am Freiberger Bahnhof mitgemacht. Ich hatte ihn von dort aus angerufen, vergeblich. Niemand meldete sich am Telefon. Also beschloß ich, auf dem Rückweg vom Bahnhof einen Umweg zu seinem Elternhaus zu machen, das in einer vornehmen Wohngegend lag. Das Gartentor stand offen, in der Einfahrt erblickte ich den schwarzen Mercedes seines Vaters. Ich atmete auf. Nach dem Westen abgehauen waren sie also nicht. Das hätte er mir auch sicher gestern abend mitgeteilt. Und außerdem paßte eine überstürzte Flucht nicht zur gelassenen, ruhigen Art seiner Mutter.
Ich läutete an der Haustür, einmal, zweimal, dreimal. Vergeblich. Auf dem verschneiten Kiesweg entdeckte ich Spuren von Stiefeln, die alle ins Haus führten, keine, die aus dem Haus kamen. Sie mußten also zuhause sein. Aber warum diese Totenstille? Nichts war zu hören. Da erwachte in mir ein schrecklicher Verdacht. Einer der Oberschlesier hatte erzählt, daß sich in seiner Stadt hochrangige Nazis mitsamt ihren Familien vergast hätten, um

nicht den Bolschewisten in die Hände zu fallen. War Pauls Vater ein hochrangiger Nazi? Kaum. Allerdings – vor ein paar Tagen hatte er zu seinem Sohn und der wiederum hatte es mir gesagt: »Sollen die Russen doch kommen. Uns kriegen sie nicht!« Doch deutete das auf eine Selbstmordabsicht hin?

Noch einmal läutete ich, einmal, zweimal, dreimal. Kein Lebenszeichen! Auch in den nächsten Tagen und Wochen, Monaten und Jahren nicht. Und darum hielt ich ihn für tot, bis ich ihn nach einem halben Jahrhundert wieder traf: bei bester Gesundheit als emeritierter Professor.

Flüchtling und Kind-Soldat

Ich eilte nach Hause. Als ich meiner Mutter von meiner schrecklichen Vermutung erzählte, beruhigte sie mich: »Er ist bestimmt mit seinen Eltern nach dem Westen abgehauen. Sie haben doch Verwandte in Thüringen.«

Ich wollte gleich auf mein Zimmer gehen, da sagte sie: »Wir müssen auch fort, Junge. Am besten morgen in der Frühe, wenn die Züge noch nicht überfüllt sind. Überlege dir gut, was du mitnehmen willst. Zwei große Koffer und zwei Rucksäcke müssen für uns alle reichen. Was wir an wertvollen Sachen nicht einpacken können, verstecken wir im Keller.«

Wie ruhig meine Mutter das sagte, als gebe sie mir Ermahnungen auf den Schulweg mit. Nach den Ängsten und Aufregungen der letzten Tage war sie jetzt von einer erstaunlichen Entschlossenheit beseelt. Sie stellte sich ganz auf die neue Lage ein und versuchte, sie so ruhig und umsichtig wie möglich zu meistern. Auch mich erfaßte eine fast unwirkliche Gelassenheit, als ich noch einmal in mein Zimmer ging, in das Königreich meiner fünfzehn Jahre. Nun galt es, Abschied zu nehmen von meinem geliebten Schreibsekretär, auf dem ich meine ersten dichterischen Versuche niedergeschrieben hatte. Abschied für immer? Nein. In der Schule hatten sie von zwei bis drei Wochen gesprochen. Die unverbesserlichen Optimisten meinten, bis dahin würden die Wunderwaffen die Russen an die Weichsel und die Amerikaner an den Ärmelkanal zurückgescheucht haben. Die Realisten meinten und sprachen jetzt auch ganz offen davon, länger würde die deutsche Front nicht mehr halten. In spätestens einem Monat sei der Krieg zu Ende und wir könnten wieder nach Hause.

Ich suchte mir die Bücher aus, die ich besonders liebte, verpackte sie in eine Persilschachtel und versteckte sie in der Waschküche. Obenauf legte ich die Geige. Plötzlich waren alle lästigen Fingerübungen, alle falschen Töne, alle Wutausbrüche meines Geigenlehrers vergessen, und ich empfand etwas wie Zärtlichkeit für das tausendmal verwünschte Instrument.

Es schneite, als ich mit meiner Schwester zur Abendandacht ging. Die Mutter, mit der Auswahl der Wäschestücke beschäftigt, hatte uns geschickt, den Segen Gottes für die ungewisse Reise zu erbitten. Diese Abendandacht vergesse ich nie. Das Gotteshaus war voller Menschen, darunter viele, die sonst nur selten den Weg dahin fanden. Dichtgedrängt knieten sie in den Bänken und standen sie auf den Gängen. Als der Pfarrer die Gemeinde mit der Monstranz segnete, zeichnete er das Kreuz so langsam wie noch nie. Dann stimmte er mit fester Stimme an:

»In dieser Nacht sei du mir Schirm und Wacht,
o Gott, durch deine Macht wollst mich bewahren
vor Sünd und Leid, vor Satans List und Neid.
Hilf mir im letzten Streit, in Todsgefahren.«

Wie oft hatten wir dieses Lied gesungen! Mir hatte es nie recht gefallen, es war mir schlicht, ja beinahe banal vorgekommen mit seinen billigen Reimen. Jetzt aber traf mich jedes Wort, die stürmische Bitte um Schutz während der Nacht, von der niemand wußte, wann sie enden würde. Und die jüngsten Ängste waren dankbar, sich uralter Worte zu bedienen.

Nach der Andacht fand sich fast niemand zu einem Abschiedsgespräch zusammen, jeder eilte so schnell wie möglich nach Hause. Die Schneewolken hatten sich verzogen, vom Nachthimmel grüßten die Sterne. Wer mochte das bemerken?

Daheim gingen wir schnell zu Bett. Um zwei Uhr früh weckte uns die Mutter aus dem Schlafe. »Los, auf, zieht alles an, was ich euch zurechtgelegt habe!« Drei Pullover und vier Unterhosen zum Beispiel – aber was man am Körper trägt, braucht man nicht mit der Hand zu schleppen. Die beiden Koffer banden wir auf dem Schlitten fest und setzten meinen kleinen, drei Jahre alten Bruder darauf. Meine vierzehnjährige Schwester und ich schulterten die Rucksäcke.

»Sperr' die Haustür gut zu und zieh' den Schlüssel ab«, rief mir Mutter zu. Ich tat es. In dem Augenblick, als ich den Schlüssel im Schloß umdrehte, wurde es mir ganz schwarz in der Seele. Ich ahnte, daß wir nie wieder zurückkommen würden, und hätte den Schlüssel am liebsten weit weg in den tiefen Schnee geworfen. Dann

zogen wir den Schlitten durch den Garten auf die Straße hinaus. Wir drehten uns erst um, als die Nacht unser Haus verschlungen hatte.
Noch immer tickten die öffentlichen Lautsprecher die ganze Nacht hindurch und forderten die Bewohner der östlichen Stadtteile auf, sich jenseits der Oder in Sicherheit zu begeben. Bauernwagen rumpelten übers Pflaster, Lastwagen brachten Soldaten zur Verteidigung der »Festung Breslau« in die Stadt. Straßenbahnen verkehrten noch nicht. Wir mußten die fünf Kilometer bis zum Hauptbahnhof zu Fuß zurücklegen. Am Bahnhof herrschte trotz der frühen Stunde hektischer Betrieb.
Als meine Mutter die Menschenmenge erblickte, die sich in der Schalterhalle staute, meinte sie: »Wir müssen den Schlitten zurücklassen.« Schweren Herzens banden wir das Gepäck vom Schlitten los. Hoffentlich müssen wir das nicht kilometerweit schleppen, dachte ich. Da stand plötzlich ein Uniformierter vor mir und verlangte meinen Ausweis. »Geboren 1929 – du darfst passieren.« Drei Wochen später hätte ich das nicht mehr gedurft, da hätte ich die Festung gegen die Rote Armee verteidigen müssen. So aber gelangten wir glücklicherweise noch in den Zug nach Grünberg, wo meine Großeltern wohnten. Es war der letzte Zug, der auf dieser Strecke durchkam; zwei Stunden später hatten russische Panzer die Bahnstrecke erreicht, bei Steinau an der Oder.
Die erhoffte Sicherheit in Grünberg erwies sich sehr schnell als Illusion. Die Stadt – inzwischen zu einer Wojewodschaftshauptstadt avanciert – lag zwar westlich der Oder und breite Flüsse bilden auch im modernen Krieg noch ein Hindernis. Leider nur für wenige Tage. Es dauerte nicht lange und sowjetische Pioniere überquerten

die Oder und errichteten einen sogenannten Brückenkopf mit Panzern und Infanterie, von dem aus sie dann die nächste Offensive starteten. (Dreißig Jahre später gebrauchte ich das Wort »Brückenkopf«, das für uns jugendliche Strategen ein gängiger Begriff war, im Unterricht. Kein Schüler konnte sich darunter etwas vorstellen.)

Wir konnten also nicht bleiben und mußten weiter, nach Görlitz, der westlichsten Stadt Schlesiens, heute die östlichste der Bundesrepublik. Weiter westlich wohnten keine Verwandten mehr, die uns hätten aufnehmen können.

An die Bahnfahrt von Grünberg nach Görlitz denke ich nur mit Schrecken zurück: Bei klirrender Kälte von minus 20° C mußte ich auf den vereisten Puffern zwischen den völlig überfüllten Waggons balancieren,

Mit dem Handkarren auf der Flucht vor der Roten Armee

um nicht auf die Gleise zu stürzen. Und das drei Stunden lang. Nur einmal konnten wir uns bei einem längeren Aufenthalt in einem Bahnhofsgebäude etwas aufwärmen. Jemand rief ganz laut, als der Zug weiterfuhr: »Warum transportieren sie uns nicht gleich nach Sibirien?« Merkwürdigerweise hat sich von meiner Familie niemand erkältet, nicht einmal meine kranke Tante.
Anscheinend wurde es auch der frosterprobten Roten Armee zu kalt. Ihr Vormarsch verlangsamte sich und kam schließlich zwanzig Kilometer vor Görlitz zum Stehen, und zwar nicht nur für kurze Zeit, sondern für ein volles Vierteljahr, bis zur Kapitulation der deutschen Wehrmacht. Die Stadt wurde auch nicht beschossen und bombardiert; zugrunde gerichtet haben sie erst vierzig Jahre Sozialismus.
Nun, viel Zeit die historische Altstadt mit ihren prächtigen Renaissancebauten zu bewundern, blieb mir nicht. Auf den Litfaßsäulen prangte eines Tages ein giftgelber Anschlag, der alle sich in Görlitz aufhaltenden Jungen der Jahrgänge 1928 bis 1930 aufforderte, sich bei der Erfassungsstelle des Volkssturms zu melden. Meine Mutter erklärte: »Da gehst du nicht hin. Niemand weiß, daß wir hier sind.« Meine Tante, als städtische Angestellte an Gehorsam den Behörden gegenüber gewöhnt, widersprach: »Er muß sich melden, sonst macht er sich strafbar. Außerdem müssen wir uns bis spätestens übermorgen polizeilich anmelden. Dann kommt es doch heraus.« Meine Mutter: »Ach was, den verstecke ich.« Sie hätte das auch riskiert, aber der Onkel, bei dem wir wohnten, spielte nicht mit. Er wollte keine Scherereien mit der Obrigkeit. Außerdem meinte er, die Fünfzehnjährigen würden sicher nur für irgendwelche Hilfeleistungen am Bahnhof

gebraucht. Da sollte er sich aber täuschen. Meine Mutter gab schweren Herzens nach und ich begab mich zur Erfassungsstelle, nachdem ich mich noch einmal gründlich gewaschen hatte, um bei der Musterung einen guten Duft zu verströmen. Überflüssige Maßnahme: Wir wurden gar nicht gemustert. Kein Arzt war anwesend. Ein älterer Mann in Volkssturmuniform, mit dickem Bauch und dicker Brille, guckte mir in den Mund und fragte, ob ich beim Lesen eine Brille brauche, und schon war ich »erfaßt«. Dann nahm er mir meinen Ausweis ab und sagte, den bekäme ich in der Kaserne wieder. Bis zehn Uhr müsse ich mich da einfinden; das sei ein Befehl.

Es war kurz vor halb zehn. Bis zum Haus des Onkels brauchte ich mindestens zwanzig Minuten. Was tut man in solchen Fällen als Kind von fünfzehn Jahren? Man heult los, und wie! Doch den dicken Bonzen rührte das nicht. Anscheinend erlebte er öfter solche Szenen. Erst als ich unter Tränen hervorstieß: »Aber ich muß mich doch wenigstens von meiner Mutter verabschieden. Die wohnt weit draußen am Stadtrand! Die weiß doch noch gar nicht, daß ich in die Kaserne muß«, stimmte ihn das gnädiger. »So, so, am Stadtrand. Ja, dann geb ich dir eine ganze Stunde Zeit. Und beruhige deine Mutter: Ihr werdet nicht an der Front, sondern einige Kilometer hinter der Front eingesetzt.« Wirklich, sehr beruhigend!

Wir wurden nicht in der Kaserne untergebracht, die nach dem preußischen General Winterfeldt benannt war, sondern in einer Schule. In der Kaserne stattete man uns nur mit der hellblauen Uniform des Volkssturmes aus. Und nun lagen vierzig oder fünfzig Jungen meines Alters in einem großen Saal. Es waren alles Breslauer, aber nur ein bekanntes Gesicht darunter. Betten gab es nicht, nur

Strohsäcke auf dem Boden, durch Bretter voneinander getrennt. Das harte Lager bekümmerte mich wenig, deswegen hätte ich einschlafen können. Doch daß niemand da war, der uns Gute Nacht wünschte, niemand, mit dem ich die quälenden Eindrücke des Tages hätte besprechen können! Den Kameraden schien es genauso zu ergehen. Ruhelos warfen sie sich hin und her, einige wimmerten vor sich hin. Auch der Junge neben mir. Ich hätte ihn trösten müssen, aber dann wäre ich wohl selbst in Tränen ausgebrochen.

Der Dicke mit der dicken Brille hatte übrigens wahr gesprochen: Wir wurden nicht an der Front eingesetzt. Dazu hätten die Waffen nicht ausgereicht: zehn Karabiner und sieben Panzerfäuste für die ganze Kompanie, damit hält niemand eine Offensive auf. Das leuchtete auch unserem Hauptmann ein; er hatte eine bessere Aufgabe für uns.

Wir sollten zunächst einmal – ohne Panzerfäuste, versteht sich – die vielen Kühe einsammeln und westwärts treiben, welche die Bauern auf ihrer Flucht nicht mitnehmen konnten und die jetzt auf den gefrorenen Feldern brüllend umherirrten, weil sie schon tagelang niemand mehr gemolken hatte. Sollten wir viehunkundigen Großstadtpflanzen das übernehmen? Die Kühe waren offensichtlich dieser Meinung, wie losgelassene Stiere rannten sie auf uns zu, wir rannten vor ihnen davon, als ginge es um unser Leben – und brachten sie auf diese Weise doch in Sicherheit, außerhalb der Reichweite der feindlichen Artillerie nämlich, deren dumpfe Salven einen schauerlichen Grundakkord zum Gebrüll der Kühe bildeten.

Am dritten Tag verknüpfte unser Hauptmann das Viehtreiben mit einer pädagogischen Maßnahme. Wir »durften« an einer Exekution teilnehmen. Drei Ukrainer, die als »Hiwis« (Hilfswillige) in der Wehrmacht dienten, hatten aus einem verlassenen Haus einige Gegenstände mitgenommen, darunter auch ein Nähkästchen; ein Standgericht hatte sie zum Tode verurteilt. Das Urteil sollte in einer Kiesgrube vollstreckt werden. Der Hauptmann meinte, das sei ein vorzüglicher Anschauungsunterricht für uns junge Soldaten; wir sollten uns hüten, auch nur eine Nähnadel zu stehlen, sonst erginge es uns ebenso wie diesen Hiwis. Dann wurden die Ärmsten an drei junge Birken gebunden, einer spuckte dem Feldwebel des Exekutionskommandos ins Gesicht, der boxte ihn daraufhin in Grund und Boden, daß er wie ein nasser Sack an der Birke hing – dann ertönte das Kommando »Feuer«. Der Niedergeboxte benötigte noch einen Gnadenschuß. Dann war es vorbei. Auf dem Rückmarsch wurde fast nichts gesprochen, und in der Nacht, kaum war das Licht gelöscht, hörte man noch mehr weinen als am Abend zuvor. Wir waren eben doch noch keine Männer mit unseren 15 Jahren, sondern Kinder.

Am Nachmittag durften wir uns schon eher als Soldaten fühlen. »Waffenkunde« stand auf dem Programm. Einen Karabiner in der Hand zu halten, mit einer Panzerfaust zu zielen – das erfüllte nicht wenige mit Stolz. Diese Versuchung blieb mir erspart: Ich gehörte zu den Kleinsten. Und bis die in den Genuß der Waffen gekommen wären, hätte die Ausbildung zwei Wochen lang dauern müssen. Doch da war meine »Militärzeit« längst beendet – auf höchst ungewöhnliche Weise: Am Samstag, meinem sechsten Tag als uniformierter Viehtreiber, weckte uns nicht nur die Trillerpfeife des Zugführers, sondern der Befehl: »Alles zusammenpacken. Abmarsch in einer

Stunde.« Wir waren sofort hellwach. Abmarsch – wohin denn? An die Front etwa? Mit unserem riesigen Waffenarsenal die Rote Armee aufhalten?
Ziel wurde uns keines verraten. Zunächst marschierten wir über die Neißebrücke – heute Grenze zwischen Deutschland und Polen – in die Stadt hinein, schwenkten aber dann bald nach Süden in die Straße, die nach Zittau führt. Das war schon einmal positiv: Erstens entfernten wir uns so von der Front, zweitens waren meine Angehörigen in einer Siedlung neben dieser Straße untergebracht. Und wie es der liebe Gott wollte, erblickte ich plötzlich auf dem Gehweg meine Schwester und meinen kleinen Bruder. Der Leutnant erlaubte mir, aus dem Glied zu treten und mit ihnen zu sprechen. Zwei Minuten später erschien, von meinem Bruder herbeigerufen, meine Mutter auf dem Kampfplatz. Das war er zunächst noch nicht, wurde es aber sehr schnell. Denn meine Mutter, couragiert wie alle Mütter, wenn es um ihre Kinder geht, erklärte dem verblüfften Leutnant, mich fest an der Hand packend: »Den geb' ich nicht her! Mein Mann ist Soldat, mein Ältester ist Soldat – was wollt ihr denn mit Kindern im Krieg?« Auf diese unermüdlich wiederholte Frage wußte der Leutnant natürlich keine Antwort, schließlich zuckte er mit den Schultern – die Kompanie war inzwischen einen halben Kilometer weitermarschiert – und sagte, mehr hilflos als ärgerlich: »Dann behalten Sie ihn in Gottes Namen, aber ziehen Sie ihm Zivil an und verstecken Sie ihn gut, sonst wird er wie ein Deserteur behandelt!«
Meine Mutter behielt mich in Gottes Namen, versteckte mich so gut es ging; schwierig war es nur, für mich Zivilkleidung zu beschaffen, vor allem einen Mantel. Den

hatten wir in der Kaserne abgeben müssen und nicht mehr zurückbekommen. Nach zwei Tagen traute ich mich auch wieder auf die Straße; zeigten sich Soldaten oder gar eine Streife, ließ ich möglichst laut meine Sopranstimme ertönen. So vermutete niemand einen Deserteur in mir.

Ende Februar wurden alle Nicht-Görlitzer aufgefordert, die Stadt zu verlassen. In Sammeltransporten sollten sie weiter nach Westen gebracht werden. Für die Strecke von 150 Kilometern benötigte unser »Sonderzug« volle drei Tage, und das in ungeheiztem Zustand. Im Erzgebirge wurden wir dann im höchstgelegenen Dorf des Sudetenlandes untergebracht, wo noch tiefster Winter herrschte, die Leute bitterarm waren, aber sehr hilfsbereit zu uns Flüchtlingen.

Meine Mutter, meine Tanten und meine jüngeren Geschwister fanden Unterkunft in einem alten Kaufladen. Fünf Personen in einem Raum! Da war für mich wirklich kein Platz mehr. Ich mußte ins Nachbardorf mit dem seltsamen Namen Sauersack. Dort wohnte ich während des letzten Vierteljahres im Tausendjährigen Reich ausgerechnet bei der NS-Frauenschaftsleiterin, der einzigen »Nazigröße«, mit der ich es außerhalb der Hitlerjugend je zu tun gehabt habe. Doch es war eine herzensgute Frau; sie hätte genausogut Vorsitzende des christlichen Müttervereins sein können, und eigentlich war sie es auch. Nur auf Bitten des Pfarrers hatte sie das Amt übernommen, damit es nicht in die Hände einer wirklich überzeugten Hitleranhängerin geriet. Und da das Dorfwirtshaus seit Jahren aus Mangel an männlicher Bevölkerung geschlossen war, hatte die Frauenschaft ihre Versammlungen ins Pfarrhaus verlegen müssen, wo nun nicht der strenge

Adolf, sondern eine milde Sixtinische Madonna auf die Versammelten herunterblickte und wo man, je näher die Front rückte, nicht mehr Pulswärmer für die Wehrmacht strickte, sondern Rosenkranz betete für die Männer und Söhne, die bei den Soldaten waren. Meine Frauenschaftsleiterin hatte seit Weihnachten weder von ihrem Mann noch von ihren beiden Söhnen eine Nachricht erhalten.

Inzwischen überschritten die Amerikaner den Rhein, näherte sich die Rote Armee Wien und Berlin. Hitler und seine letzten Getreuen verschanzten sich im Bunker der Reichskanzlei. Am 25. April reichten sich Russen und Amerikaner bei Torgau an der Elbe die Hände. Fast das ganze Deutsche Reich war von den Alliierten besetzt, ausgenommen Schleswig-Holstein sowie das südwestliche Erzgebirge und das Egerland.

Was passiert zehn Tage vor der Kapitulation? Der Jahrgang 1929 wurde zu den Waffen gerufen! Wir mußten in die Kreisstadt zur Musterung. Wer tauglich war, wurde eingezogen – ausgerechnet zur Waffen-SS! Zum Glück hatte die rauhe Erzgebirgsluft meinen Stimmbruch nicht beschleunigt, kräftiger war ich durch die Pellkartoffeln, meine tägliche Nahrung, auch nicht geworden. Der Musterungsarzt betrachtete mich schmales Büblein mit unverhohlenem Bedauern und stellte mich für ein halbes Jahr zurück – auf den 28. Oktober 1945. Übrigens nicht nur mich, sondern die meisten. Nur wenn jemand wie ein Kleiderschrank gebaut war, konnte er kein Auge zudrücken, sondern mußte ihn für tauglich erklären.

Das geschah am 28. April 1945. Am selben Tag wurde Mussolini am Comer See von Partisanen erschossen, stieß Hitler seinen Reichsmarschall Göring und SS-Führer Himmler aus der Partei aus, heiratete noch schnell seine Eva Braun. Zwei Tage später machte er seinem Leben durch einen Pistolenschuß ein Ende. Und da sollten Fünfzehn- und Sechzehnjährige noch sein Drittes Reich verteidigen …

Die letzten Tage des Krieges waren in den Erzgebirgsdörfern von gespenstischer Ruhe. Deutsche Soldaten waren nicht mehr zu sehen, außer jeden Morgen ein Deserteur, den man nachts am Laternenpfahl vor der Kirche aufgehängt hatte. Als der erste amerikanische Jeep durchs Dorf fuhr, wagte sich niemand auf die Straße, aber alles spähte durch die Fenstervorhänge. Es passierte gar nichts. Vor der sächsischen Grenze machte der Jeep kehrt und fuhr wieder zurück. Der Pfarrer läutete die Glocken. Das Dritte Reich war tot. Gott sei es gedankt: Wir lebten.

Unter dem roten Stern

Auf dem großen Soldatenfriedhof der Roten Armee im Süden von Breslau ruhten links vom Eingang die Offiziere, rechts die Muschiks, wie man die einfachen russischen Landser nannte. Auf den Gedenksteinen für die Offiziere waren Namen, Lebensdaten und Dienstgrad verzeichnet, auf den Steinen für die Muschiks stand nichts, kein Name, kein Datum und kein Dienstgrad. Einen schlagenderen Beweis für den Schwindel von der klassenlosen Gesellschaft in der Sowjetunion gibt es wohl kaum. Ich möchte nun einigen dieser einfachen Soldaten einen kleinen Gedenkstein aufrichten, allerdings nicht allen, vor allem nicht jenen, die mir als erste begegnet sind, Ende Mai 1945 in Chemnitz.

Um der angekündigten Vertreibung durch die Tschechen zuvorzukommen, packten wir unsere zwei Koffer und drei Rucksäcke und fuhren mit der Bahn über die Grenze nach Sachsen. Man konnte damals noch, ohne umzusteigen, von Karlsbad nach Chemnitz – alias Karlovy Vary und Karl-Marx-Stadt – fahren, was die nächsten vierzig Jahre nicht mehr möglich war. Wir kamen auf dieser Fahrt auch durch Aue, jene Stadt, die später das Zentrum der Uranförderung wurde. Von ihr hatte man schon seit Tagen berichtet, die Einwohner würden vor Hunger die Blätter der Bäume essen. Das war das erste der wilden Gerüchte, die in den nächsten Wochen unter der deutschen Bevölkerung, besonders unter den Heimatvertriebenen, für Unruhe und Ängste und leere Hoffnungen sorgten.

Die ersten Muschiks bekamen wir am Bahnhofsplatz in Chemnitz zu sehen und noch mehr zu hören. Als wir den Zug verlassen hatten – es war Freitag – und nach Dresden weiterreisen wollten, hieß es, daß am Wochenende kein Zug mehr nach Dresden fahre, erst am Montag wieder. Und das war leider kein Gerücht wie das von den kahlen Bäumen in Aue. Wo sollten wir übernachten? Ein Schritt auf die Straße genügte, um festzustellen, wie sehr die Innenstadt durch Bombenangriffe zerstört war. Es gab keine Übernachtungsmöglichkeit. Das einzig mögliche Quartier war die lange Unterführung, welche die vielen Bahnsteige miteinander verband. Dort kampierten aber schon Hunderte von Flüchtlingen und Vertriebenen mit ihrer letzten Habe, mit Koffern, Reisetaschen, Pappkartons und Rucksäcken, dichtgedrängt, so daß es keinen Platz mehr für sechs Personen zu geben schien. Die Leute rückten aber noch enger zusammen, um für uns Raum zu schaffen, als Bleibe bis zum Montag. Wir richteten uns ein, so gut es ging. Von irgend jemand haben wir auch irgend etwas zu essen bekommen. Trotz der vielen Menschen, die in der Unterführung zusammengepfercht waren, blieb es ruhig und friedlich. Rotarmisten zeigten sich nicht, bis es Nacht wurde. Wir waren gerade, trotz der unbequemen Lage, zwischen Koffern und Rucksäcken eingeschlafen, da peitschten Schüsse durch die Unterführung. Alle schreckten hoch und schrien vor Angst, vor allem die Kinder. Was war passiert? Soldaten der Roten Armee, offensichtlich betrunken, torkelten in den Eingang der Unterführung und ballerten wie wild mit ihren Gewehren herum; gottlob meistens an die Decke. Jedenfalls wurde später festgestellt, daß niemand ernstlich verletzt war. Über die Angst der Leute lachten sie nur. Wollten sie plündern oder sich nur als Sieger aufspielen und sich Frauen holen? Niemand weiß es. Es kam weder zu dem einen noch zum anderen. Ein Offizier erschien, brüllte ein Kommando – die ersten russischen Worte, die ich hörte; es sollten bald mehr werden – und schoß ein paarmal in die Luft. Endlich hörten die wildgewordenen oder genauer: wildgewesenen Muschiks auf herumzuballern und trotteten mit hängendem Kopf auf den Bahnhofsvorplatz hinaus. Meine erste Bekanntschaft mit den Landsleuten Puschkins, Tolstois und Dostojewskis hatte ich überlebt. Was würden die nächsten Tage bringen?

Die Wörter »Russe« und »Sowjet« waren damals mit Schrecken gefüllt. Da dachte niemand an den Zarewitsch oder die Petersburger Schlittenfahrt, eher an Iwan den

Dresden 1945. Soweit das Auge reicht, nur zerstörte Gebäude, dazwischen wie riesige Grabmäler Kirchtürme, die dem Feuersturm getrotzt hatten.

Schrecklichen und an Rasputin. Schließlich hatte uns die Propaganda jahrelang die Bolschewisten als beutelüsterne und blutgierige Untermenschen geschildert. Die haßerfüllte Parole des Dichters (!) Ilja Ehrenburg beim Einmarsch der Roten Armee in Ostpreußen: »Schändet und tötet alle Deutschen!« schien die nazistische Propaganda hundertprozentig zu bestätigen. Gott sei Dank, nicht alle Rotarmisten folgten der Aufforderung Ehrenburgs. Aber was alles für Schreckensnachrichten über massenhafte Vergewaltigungen, Deportationen und Massaker an der Zivilbevölkerung in den letzten Kriegswochen bis in unseren einsamen Zufluchtsort im Erz-

gebirge gedrungen waren, genügte, um uns Deutschen eine heillose Angst vor dem Iwan einzujagen.
Gott sei Dank: Es kam nicht so schlimm, wie viele befürchtet hatten. Nachdem die Sieger ihren Rache- und sonstigen Durst gestillt hatten, ließen ihre Übergriffe nach, und sie benahmen sich sehr diszipliniert. Auf vielen Plätzen und an Gebäuden verkündeten riesige Transparente ein Wort Stalins: »Die Hitler kommen und gehen, das deutsche Volk aber bleibt.« Offenbar war das nicht nur geschickte Propaganda, sondern ernst gemeint. Und es hat sich ja bis heute bewahrheitet: Nicht nur die Hitler, sondern auch die Ulbrichts und Honeckers kamen und gingen, das deutsche Volk aber blieb und bleibt.
Doch zurück in den Chemnitzer Hauptbahnhof. Als das wilde Schießen aufhörte, erschienen zwei sowjetische Militärärzte mit einigen Sanitätern und kümmerten sich um die verletzten Deutschen. Sie untersuchten sie an Ort und Stelle, soweit das bei der trüben Beleuchtung möglich war, und versorgten sie mit Medikamenten. Und wünschten ihnen sogar – drei sprachen deutsch – eine gute Reise. »Na also«, ertönte eine laute Männerstimme neben uns, »was habe ich euch gesagt? Menschenfresser sind sie nicht.«
Wunder Nummer eins. Das Wochenende war überstanden. Am Montag verkehrten wieder Züge, freilich immer nur bis zur nächsten gesprengten Eisenbahnbrücke. Dann hieß es: raus aus dem Zug, hinunter zum Fluß und wieder zu den Gleisen hinauf, um bis zum nächsten Bahnhof zu marschieren.
Wir brauchten für die achtzig Kilometer fast den ganzen Tag, erreichten trotzdem noch vor dem Einbruch der Dämmerung unser Ziel: Dresden bzw. was die britischen

Bomben von Dresden übriggelassen hatten. Bis zum Hauptbahnhof verkehrten noch keine Züge, wir mußten im Vorortbahnhof Dresden-Plauen aussteigen. Der erste Blick auf die Stadt erfüllte uns mit Entsetzen.
Soweit das Auge reichte, nur zerstörte Gebäude, dazwischen wie riesige Grabmäler Kirchtürme, die dem Feuersturm getrotzt hatten. Dazu der Geruch der verwesenden Toten, die seit drei Monaten unbestattet in den Ruinen lagen. Unerträglich! Ich glaube nicht, daß wir uns das nur einbildeten. Meine sonst so couragierte Mutter geriet bei diesem Anblick fast in Panik. »Nur raus aus den Trümmern, das halte ich nicht aus.« Zum Glück fuhr bereits wieder die Straßenbahn. Wir stiegen in die erstbeste ein und fuhren bis zur Endstation. Je weiter man sich vom Stadtzentrum entfernte, desto friedlicher, normaler wurde das Bild: Die ländlichen Vororte waren vom Bombenterror verschont geblieben. So standen wir eine halbe Stunde später an der Endstation Cossebaude zu sechst auf der Straße und wußten nicht wohin. Plötzlich öffnete sich ein Fenster und eine Frau rief uns zu: »Wenn Sie ein Quartier brauchen, kommen Sie doch zu mir herauf!« Wunder Nummer zwei! Die Frau hatte ihren Mann in Rußland verloren, die Söhne waren wer weiß wo, wahrscheinlich in Gefangenschaft. Sie besaß drei Zimmer. Das geräumige Wohnzimmer überließ sie uns, nicht nur für die eine Nacht. Wir mußten uns ja erst einmal erkundigen, welche Möglichkeiten es gab, in Richtung Breslau weiterzukommen. Gerüchten zufolge war die Bahnstrecke nach Bautzen, Görlitz und Breslau weit mehr zerstört als die Strecke von Chemnitz nach Dresden. Wir würden viele Kilometer zu Fuß bewältigen müssen. Doch wen schreckt das, wenn er unbedingt nach

Hause will? Wir ließen unsere gehbehinderte Tante Hedwig bei der guten Frau K. und machten uns auf den Weg in Richtung Osten, größtenteils auf der Reichsstraße (heute Bundesstraße) Nummer 6; nur gelegentlich konnte man für ein paar Kilometer einen Zug benutzen.
Merkwürdig: Das erste, was mir einfällt, wenn ich an diesen mühevollen Fußmarsch von vier Tagen und die anschließenden Wochen quälenden Wartens in Görlitz denke, ist das unbeschreiblich schöne Sommerwetter. Es war nun schon Juni, die Felder prangten in sattem Grün, in den Gärten blühten bereits Pfingstrosen und Gladiolen, der Flieder duftete, in den Büschen und Bäumen zwitscherten am Morgen die Vögel, der Himmel wölbte sich blau über dem hügeligen Land – ein Wetter, wie es sich jeder Wanderer und Wallfahrer wünscht.
Wäre es nur eine Wallfahrt gewesen und nicht diese endlose Prozession des Elends auf beiden Seiten der Straße! Beneidet wurde, wer einen Handwagen, Kinderwagen oder ein ähnliches Gefährt besaß und sein Gepäck darauf laden konnte; die meisten schleppten es in Koffern, Rucksäcken oder zusammengeschnürten Bündeln. Mein jüngerer Bruder, damals vier Jahre alt, wollte auch etwas tragen; so hatte ihm Mutter bei Frau K. einen kleinen Rucksack genäht, auf den er sichtlich stolz war. Er marschierte wacker mit, hatte auch manchmal das Glück, auf einem Wagen ein Stück mitgenommen zu werden. Wagen, das heißt: auf einem Bauernwagen der Roten Armee. Den deutschen Bauern, die mit ihren großen Fuhrwerken geflüchtet waren, hatte man längst alle Pferde ausgespannt und die Fahrzeuge für die sowjetischen Soldaten requiriert – damit sie schneller zur Siegesparade nach Moskau gelangten, wie es ein Gerücht behaup-

tete. Immerhin, wir erlebten die ersten »Muschiks mit Herz«, die es nicht mit ansehen konnten, daß ein vierjähriger Junge einen Rucksack schleppen mußte. Gesprochen wurde in diesem Zug des Elends wenig, obwohl die einzelnen Familien – natürlich alle ohne Vater – tagelang nebeneinander gingen und oft genug die armseligen Nahrungsvorräte miteinander teilten. Alle waren nur von dem einen Wunsch beseelt: nach Hause, nach Hause! Mochte dort zu Hause auch alles zerstört und verbrannt sein, man würde sich schon zu helfen wissen, Hand anlegen und mit dem Wiederaufbau beginnen. Nur heim, nur heim! »Suschte nischt ok heem«, wie der schlesische Dichter Karl Holtei geschrieben hatte. Sonst nichts als nach Hause! Keiner ahnte, wie bald diese Hoffnung enttäuscht werden sollte.

Die Dörfer an der R6 wirkten friedlich, von Kampfhandlungen waren sie verschont geblieben, auch die Stadt Görlitz, deren Wahrzeichen, die Landeskrone, am Nachmittag des vierten »Wandertages« auftauchte. Ihr Anblick tröstete alle. Man wußte, daß man wieder in Schlesien war. Zuhause.

Görlitz war eine intakte Stadt. Die Rote Armee hatte sie kampflos besetzt. Hätten wir in Görlitz nicht Station gemacht, sondern wären weitergezogen, wären wir noch über die Notbrücke an das östliche Ufer der Neiße gelangt. Aber entkräftet, wie wir waren, brauchten wir eine Ruhepause. Zwei Tage später wurde die Brücke für Deutsche gesperrt. Eine vorübergehende Maßnahme, hieß es, wegen der sowjetischen Truppen, die in Richtung Heimat marschierten. Natürlich »um rechtzeitig zur Siegesparade in Moskau zu sein«. Überhaupt diese Gerüchte! Je weniger Brot es in den Bäckereien gab (andere

Lebensmittel kannten wir sowieso bald nur noch vom Hörensagen!), desto eifriger brodelte es in den Gerüchteküchen.
Das neueste Gerücht lautete: »Wir müssen warten, bis die mongolischen Truppen durchgezogen sind.« Das stimmte ausnahmsweise. Sogar der Stadtkommandant bestätigte es durch seine Mahnung an die Bevölkerung, sich während der nächsten Tage wenig auf den Straßen zu zeigen, um die durchmarschierenden Truppen nicht zu Übergriffen zu provozieren. Was für Übergriffe er meinte, durften wir dreimal raten.
Meine Mutter, meine Tante, meine Schwester und mein kleiner Bruder waren bei jener Görlitzer Familie untergebracht, mit der wir uns im Flüchtlingstransport nach Karlsbad und in unserem erzgebirgischen Refugium die Zeit mit Personenraten und ähnlichen Ratespielen vertrieben hatten. Sie wohnten im dritten Stock eines Mietshauses. Dort waren sie sicher. Bis ins dritte Stockwerk schleppte sich ein angetrunkener Muschik auf der Suche nach Frauen nicht hinauf. Für mich gab es in dieser Wohnung keinen Platz mehr; ich kampierte bei dem geheimnisvollen Onkel meines Vaters, bei dem wir schon im Februar für kurze Zeit gewohnt hatten: in der Siedlung am Stadtrand. Damals waren die kleinen Einfamilienhäuser voller Flüchtlinge gewesen, jetzt waren die meisten leer. Ihre deutschen Besitzer zogen es vor, in der Innenstadt zu wohnen aus Angst vor den Repressalien ehemaliger Zwangsarbeiter, die in ihre Heimat entweder nicht durften oder nicht wollten und sich zu Banden zusammenschlossen.
Im Hause nebenan waren sowjetische Soldaten einquartiert, freundliche Leute, die mir erlaubten, die Johannis-

beeren von den Sträuchern zu pflücken, und mir sogar Milchbrötchen schenkten. Da der Onkel nachts meistens unterwegs war – weiß der liebe Gott, wo! – hielt ich allein die Stellung. Einmal sogar gegen die Rote Armee! Der geheimnisvolle Großonkel war wieder auf seinen geheimnisvollen Wegen. Ich hatte es mir auf der Couch im Wohnzimmer, meinem Schlafplatz, bequem gemacht, da hämmerte jemand an die Haustür. Sollte ich mich still verhalten? Aber dann brach der ungebetene Gast womöglich in die Wohnung ein. Ich löschte das Licht, schlich mich lautlos zur Tür und spitzte die Ohren. Und hörte Worte in russischer Sprache. Au weh! Der Roten Armee mußte ich weichen, nolens volens. Ich schob den Riegel zur Seite und öffnete die Tür einen Spaltbreit. Den Vorgarten hielten Soldaten besetzt, mindestens zwanzig. Im Dunkeln wirkten sie noch furchteinflößender als am Tag. Einer trat vor, dem Aussehen nach ein Offizier minderen Ranges, und erklärte mir in passablem Deutsch, daß sie ein Nachtlager benötigten und in diesem Hause schlafen wollten. »Alle?« fragte ich. »Alle!« Und schon schoben sich nach ihm die ersten in den Hausflur; einige schwankten, aber nicht, weil sie betrunken, sondern weil sie todmüde waren. Sie drängten ins Wohnzimmer, drei ließen sich gleich zu Boden fallen. Meine Befürchtung, sie könnten die letzten heilen Möbel zu Kleinholz verarbeiten und mein Federbett aufschlitzen (damals eine Art sowjetischer Nationalsport), zerstreuten sich schnell. Sie benahmen sich geradezu gesittet, zogen sich die Stiefel aus und stellten sie in den Hausflur. Die Socken behielten sie an. Dann verteilte der Offizier seine Leute: sieben im Wohnzimmer, drei im Büro des Großonkels, drei in der Küche, zwei im Bad und vier in seinem Schlafzimmer. Ich machte mich darauf gefaßt, daß der Offizier meinen Schlafplatz auf der Couch beanspruchen würde, nichts dergleichen. Er kippte den Tisch um und stellte ihn mit den Beinen an die Wand, so brauchte er nicht zu befürchten, von seinen Untergebenen gestoßen oder getreten zu werden. Er reichte einem, der lesen konnte, eine Zeitung, woraus dieser die neuesten Meldungen vorlesen mußte. Dann hieß es: »Licht aus und Ruhe!« Das Licht wurde ausgeschaltet, aber Ruhe kehrte noch lange nicht ein, sondern es begann ein Schnarchkonzert, wie ich es weder vorher noch nachher gehört habe, eine Schnarchorgie gewissermaßen, durchsetzt mit tenoralen Pfeiftönen und grunzenden Bässen, dazu die üblichen Verdauungsgeräusche, in denen sich Russen und Deutsche nicht unterscheiden. Die dicke Luft – das Fenster mußte aus Sicherheitsgründen geschlossen bleiben – muß mich regelrecht betäubt haben. Trotz meiner Angst, irgendwann doch noch aus dem Bett geworfen zu werden, sank ich bald in einen traumlosen Schlaf. Erst als ich erwachte, glaubte ich zu träumen. War das möglich? Das Wohnzimmer war leer, ebenso die Küche, das Bad, das Schlafzimmer des Großonkels. Meine Schlafgäste hatten sich auf Zehenspitzen davongemacht, hatten sogar den Boden aufgekehrt und die Toilette in sauberem Zustand hinterlassen. Nur die dicke Luft erinnerte an die nächtliche Invasion. Ich zupfte mich an den Ohren. War ich einem Spuk zum Opfer gefallen? Doch, da lag etwas auf dem Küchentisch: ein Zehnrubelschein und daneben ein Zettel, mit großen Lettern beschrieben: »Spassibo – Danke!« War das Wunder Nummer drei?

Der Sommer 1945 war unvergleichlich schön – was das Wetter betrifft. Noch heute kann ich mir ein verregnetes

Görlitz nicht vorstellen. Ein Tag so schön wie der andere. Beinahe wäre auch ein Tag so langweilig wie der andere geworden, hätte ich nicht in der Vorratskammer des Onkels eine Kiste mit Büchern entdeckt, lauter berühmte Romane aus dem 19. Jahrhundert, angefangen vom »Graf von Montechristo« über »In 80 Tagen um die Erde« bis zu den »Brüdern Karamasoff« und »Krieg und Frieden«. Das reichte aus, um einige Wochen lang den geistigen Hunger zu stillen.

Der knurrende Magen ließ sich nicht so leicht besänftigen. Die Ernährungslage in Görlitz wurde immer schlimmer. Jeden Tag strömten Hunderte, ja Tausende von Schlesiern in die Stadt, die in ihre Heimatorte jenseits der Neiße wollten, aber genauso wie wir die Brücke nicht passieren durften. Insgesamt dürften es mehrere Zehntausend gewesen sein, die zum größten Teil unter freiem Himmel kampierten.

Nach wenigen Wochen brach die Versorgung völlig zusammen. 200 Gramm Brot pro Tag und pro Person, sonst nichts, außer etwas Milch für die kleinen Kinder. Kein Fleisch, keine Wurst, keine Butter. Für das Zweipfundbrot, das unserer Familie täglich zustand, haben meine Schwester und ich uns einmal eine ganze Nacht, von abends sieben bis morgens um sieben, vor einer Bäckerei angestellt. Mehr als einmal fiel ich auf der Straße vor Hunger und Entkräftung um. Nicht wenige Menschen starben. Auf einer großen Wiese neben der Bonifatiuskirche wurden die Toten in provisorische Särge aus weißem Papier gewickelt. Alle paar Stunden erschien der Pfarrer und besprengte sie mit Weihwasser. Wo mögen sie begraben worden sein? In Massengräbern vielleicht? Einmal begegneten mir zwei Jungen, etwa elf,

zwölf Jahre alt, die ihre tote Mutter auf einem kleinen Leiterwagen zu einer Sandgrube fuhren. Am meisten erschütterte mich, daß sie nicht weinten, sondern munter miteinander plauderten. Sie hatten wohl keine Tränen mehr.
Auch meine Mutter und ich machten uns einmal mit einem Leiterwagen auf den Weg. Ein Gerücht verhieß schier Unglaubliches: In einem Dorf, einige Kilometer von Görlitz entfernt, sollte es Kartoffeln geben, natürlich keine neuen, sondern solche vom Vorjahr, die man als »Schweinekartoffeln« bezeichnete. Immerhin besser als nichts. Als wir die Kartoffel-Ausgrabungsstätte erreichten, waren die Mieten längst geleert. Sechs Kilometer umsonst gelaufen, und jetzt noch einmal die gleiche Strecke zurück! Es war zum Verzweifeln. Diese Freude machten wir dem Teufel aber nicht, im Gegenteil. Meine

Görlitz, alte Häuser an der Neiße, dem neuen Grenzfluß

Mutter behauptete später immer, wir hätten uns auf dem Rückweg die lustigsten Geschichten erzählt – als Heilmittel gegen die traurige Lage natürlich. Aber es half nur kurze Zeit.
Wenige Tage später schaffte ich zu Fuß keinen ganzen Kilometer mehr, ohne daß mir schwarz vor Augen wurde. Trotzdem oder vielleicht gerade deswegen unternahmen wir einen letzten Versuch, doch noch über die Brücke zu gelangen. Angeblich ließen die polnischen Posten manchmal Frauen mit Kindern durch. Uns nicht. Dafür behielten sie zum Andenken an uns die letzten Wertsachen, die wir gerettet hatten: die Armbanduhr meiner Mutter und den Füllfederhalter meiner Tante.
So schmerzlich es war, die Neiße nicht überschreiten zu dürfen, später erkannten wir es als eine gnädige Fügung Gottes, daß wir damals nicht nach Breslau gelangten. So blieben wir vor einer zweiten Vertreibung durch die Polen verschont. Aber wer konnte das im Sommer 1945 schon ahnen?
Was sonst in der Welt vorging, erfuhren wir kaum. Gelegentlich ertönten aus den öffentlichen Lautsprechern Anweisungen der städtischen Behörden oder der sowjetischen Kommandantur, politische Nachrichten erst nach Beginn der Potsdamer Konferenz der Siegermächte, die über das Schicksal Deutschlands entschied. Im Krieg hatte man diese Lautsprecher auf den Straßenkreuzungen und Plätzen aufgestellt, um in Sondermeldungen die militärischen Erfolge der Wehrmacht hinauszuposaunen. Jetzt meldeten sie, daß sich im Cecilienhof bei Potsdam Stalin als Gastgeber mit dem amerikanischen Präsidenten und dem britischen Premierminister – erst Churchill, dann Attlee – darüber beriet, was mit

Deutschland und mit den Deutschen geschehen sollte. Uns war sehr bald eines klar: daß da nichts Gutes zu erwarten war. Wir würden alle für Hitlers Krieg und seine Verbrechen büßen müssen. Daß es unsere Heimat kosten würde, hätte trotzdem niemand für möglich gehalten. Ja, vielleicht die gemischtsprachigen Teile Oberschlesiens und Ostpreußens an Polen abtreten, aber doch nicht Niederschlesien mit Breslau, das deutscher war, als es heute, zu Beginn des dritten Jahrtausends, alle deutschen Großstädte sind. Selbst nach polnischen Angaben aus dem Jahre 1939, die ich in einem englischen Lexikon entdeckte, war Breslau zu 100% deutsch. Heute hat die Stadt den traurigen Ruhm, die größte Stadt der ganzen Welt zu sein, deren Bevölkerung zu 100% ausgetauscht wurde: 600.000 Menschen.

Und wohin sollten die Millionen deutscher Schlesier? Wann hatte es schon Vertreibungen, oder schonender ausgedrückt: Umsiedelungen in diesem Umfang in Europa gegeben? Es sollte nur wenige Jahre dauern, bis sich diese »Neuerung« auch über andere Kontinente ausbreitete. Heute gelten »ethnische Säuberungen«, wie man es jetzt nennt, als praktikables Mittel, störende Minderheiten aus dem Lande zu jagen. Man hat das 20. Jahrhundert bereits zum Jahrhundert der Massenvertreibungen erklärt. Möge es das einzige bleiben, das diesen Namen verdient.

Anfang August verabschiedete Stalin seine Gäste in Potsdam und lachte sich ins Fäustchen, hatte er doch fast alles erreicht, was er wollte, vor allem die neue polnische Westgrenze an Oder und Neiße. Denn sie erlaubte ihm jetzt, seinerseits alle Polen aus Ostpolen zu vertreiben. Er soll ihnen noch höhnisch zugerufen haben: »Lauft nur, lauft!

Schlesien ist reicher als Wolhynien.« Und das war ausnahmsweise ein wahres Wort aus seinem Munde.
Der Beschluß der Potsdamer Konferenz, die deutschen Ostgebiete »unter vorläufige polnische Verwaltung zu stellen und die endgültige Grenzziehung dem Friedensvertrag zu überlassen«, weckte nur bei unerschütterlichen Optimisten einen Funken Hoffnung. Würde man wirklich die Heimat verlassen müssen? Hatten nicht nach dem Ersten Weltkrieg zwei Millionen Deutsche im polnischen Staat gelebt? Warum sollte die Existenz einer deutschen Minderheit nicht auch im neuen Polen möglich sein? Pessimisten wiesen darauf hin, daß sich neuerdings

Eisenbahnfahren war spottbillig, die Züge überfüllt, so daß sich mutige Passagiere auf die Dächer der Waggons legten.

auch die polnische Kirche an der Bevölkerungsverschiebung beteilige, deutsche Pfarrer aus den Pfarrhäusern jage und durch polnische Geistliche ersetze, auch dort, wo es noch gar keine polnischen Gemeindemitglieder gab. Ein tieftrauriges Kapitel der Kirchengeschichte!
Aber noch war der Humor nicht ganz verloren. An meinem 16. Geburtstag, Mitte August, ging es recht fröhlich zu. Mutter zauberte aus gekochten Kartoffeln eine Art Kuchen. Als Zukost spendierte sie, da der Löwenzahn von der hungrigen Bevölkerung längst abgeerntet war, Meldesalat. Melde ist ein Unkraut, von dem es 100 verschiedene Arten gibt, wächst auf trockenen Böden der nördlichen Halbkugel und wird auch spanischer Spinat genannt. So steht's im Brockhaus. Ob Melde genießbar ist, steht nicht darin. Wir haben sie probiert und können bestätigen: Sie ist genießbar, man bekommt nicht einmal Bauchweh davon. Aber den Hunger stillt sie nicht.
Also beschlossen wir einige Tage später, uns wieder auf den Weg nach Cossebaude zu machen. Es wurden zwar immer wieder Gerüchte über die Öffnung der Neißebrücke verbreitet, aber die nahmen wir nicht mehr ernst. Folglich lautete die Parole meiner Mutter: »Zurück, marsch, marsch!« Zum Glück hatten die tüchtigen sächsischen Eisenbahner die Strecke Görlitz-Dresden schon soweit repariert, daß wir für den Rückmarsch nur zwei Tage brauchten, nicht mehr vier wie auf dem Hinweg. Vier Tage Fußmarsch hätten wir, ausgehungert und entkräftet, wie wir es waren, kaum geschafft. Wieder nahm uns die gute Frau in Cossebaude auf, ohne zu fragen, wie lange wir wohl bleiben würden. Doch uns war klar, daß wir die Gastfreundschaft dieser Frau nicht unbegrenzt ausnutzen durften. Meine couragierte Mutter machte

sich auf den Weg, einen Bürgermeister zu finden, der uns ein Quartier zuweisen würde, und zwar in der Nähe von Freiberg, wo einige von unseren Verwandten aus Grünberg Unterschlupf gefunden hatten. Ich wollte meine Mutter begleiten, doch sie lehnte ab: »Du bist zu schwach. Du bleibst hier und hütest deinen kleinen Bruder.«
Eisenbahnfahren war spottbillig, die Züge überfüllt, so daß sich mutige Passagiere auf die Dächer der Waggons legten. Dort war man vor der Fahrkartenkontrolle sicher, nicht aber vor dem Qualm der Lokomotive. Und das Durchfahren der Tunnels hätte man in der Hitlerjugend als Mutprobe gewertet. Zuletzt prasselte noch ein Regen auf die Freiluftreisenden wie meine Mutter hernieder. Vielleicht stimmte ihr durchnäßter Zustand den Bürgermeister von Brand-Erbisdorf bei Freiberg besonders gnädig. Er sagte, er könne ihr zwar heute kein Quartier mehr anbieten, aber wir sollten nur kommen, es werde sich schon etwas finden.
Meine Mutter hegte wenig Sympathien für Kommunisten; aber diesem Bürgermeister war sie zeitlebens dankbar. »Ein Mann, zwar mit Hammer und Sichel, aber doch auch mit Herz«, sagte sie.

Meine Iwans

Aus dem Vierteljahr, das wir im Erzgebirge verbrachten, bevor wir in ein Dorf an der Elbe weitertransportiert wurden, ist mir nur ein Erlebnis in bester Erinnerung geblieben, ein Erlebnis, bei dem ich als »Kriegsverlierer« mich den »Kriegsgewinnern« überlegen fühlte, und sei es auch nur für wenige Augenblicke.

Mit unverhohlener Schadenfreude erzählte man sich Geschichten über unsere Siegermacht, der gewisse Errungenschaften der abendländischen Zivilisation unbekannt zu sein schienen – außer Hammer und Sichel natürlich. So zum Beispiel, daß schlichte Muschiks ein WC mit Wasserspülung für eine Waschanlage hielten, darin ihre Socken und Unterhosen wuschen und dumm aus der Wäsche guckten, wenn ihre kostbaren Textilien auf Nimmerwiedersehen im Abflußrohr verschwanden, sobald sie die Spülung betätigten.
Oder wenn sie das Radfahren lernten. Im September öffneten die Schulen wieder, jedenfalls in der sowjetischen Besatzungszone. Ein Jahr zuvor hatte ich die schönen Herbsttage noch im Paddelboot auf der Oder verbracht, weil ich für den Bau von Panzergräben nicht gesund genug war. Das lag erst zwölf Monate zurück, kaum zu glauben. Wieviel hatte sich seitdem in unseren Lebensumständen geändert, mehr als in zehn Jahren zuvor!
Das nächste Gymnasium befand sich in der alten Bergstadt Freiberg, die durch ihren gotischen Dom mit der Goldenen Pforte und der Tulpenkanzel und natürlich auch wegen ihrer Bergakademie, der ältesten der Welt, in ganz Europa berühmt war. Freiberg war zu Fuß fünf Kilometer, mit der Eisenbahn über zehn Kilometer von Brand-Erbisdorf entfernt. Im Gymnasium wurden wir alle in die nächsthöhere Klasse versetzt, obwohl nur die allerwenigsten das vergangene Schuljahr mit einem Zeugnis abgeschlossen hatten. Eine sympathische Geste der neuen Schulbehörden. Ein Problem war der Mangel an Schulbüchern. Alles Wichtige mußten wir notieren. Die Lehrer diktierten auch die Texte zu den Schulauf-

gaben in Englisch und Latein, ein Problem für jeden, der außerhalb Sachsens aufgewachsen war. Eingeborene Schulmeister konnten von der sächsischen Vorliebe, harte Konsonanten aufzuweichen, und von ähnlichen landesüblichen Sprachspezialitäten nicht lassen. Ich brachte einmal erst nach längerem Grübeln heraus, daß das Wort, das der Lehrer »gubbidadibus« aussprach, »cupiditatibus« zu schreiben war. Das reinste Deutsch sprach unsere Russischlehrerin, die aus Armenien stammte.

Einmal war mir der Zug nach Brand-Erbisdorf davongefahren; ich wollte keine anderthalb Stunden auf den nächsten warten und machte mich zu Fuß auf den Heimweg. Die Straße führte anfangs fast einen Kilometer bergauf. Wie ich auf der rechten Straßenseite geduldig dahintrottete, bemerkte ich auf der linken Straßenseite einen Muschik, der fluchend sein Rad schob, ein verhältnismäßig neues Rad natürlich, wie es ihm als Siegermacht zustand. Deutsche wagten sich damals nur mit den ältesten Drahteseln Marke Steinzeit auf die Straße, neuwertige Räder wurden auch ein halbes Jahr nach Kriegsende noch von Rotarmisten beschlagnahmt – eigentlich überflüssigerweise, zur Siegesparade in Moskau hätten sie es sowieso nicht mehr geschafft. Aber vielleicht wollten sie es als Souvenir der Liebsten mitbringen? Doch was nützt einem das schönste Fahrrad, wenn es bergauf den Gehorsam verweigert. Iwan fluchte und schimpfte; alle paar Schritte versuchte er wieder, auf die Pedale zu steigen, vergeblich. Da sauste plötzlich von oben ein Junge auf seinem Rad den Berg hinunter, einem alten, klapprigen Rad natürlich. Aber so klapprig war es nun auch wieder nicht, daß es nicht bergab gerollt wäre,

Unsere lachenden Sieger –
doch im Radfahren waren wir ihnen überlegen

ohne daß er in die Pedale trat. Der Soldat, das sehend, riß zunächst die Augen auf, brüllte: »Stoj!« und begann mit seiner Waffe herumzufuchteln, zum Beweis, daß es ihm ernst sei. Der Junge bremste so abrupt, daß er sich beinahe überschlagen hätte. Iwan packte sein Rad und sagte: »Dein Rad gutt, mein Rad kaputt!« Der Junge, pfiffig wie er war, begriff sofort, schnappte sich das neuwertige Rad, das Iwan voller Zorn auf die Straße geworfen hatte, schwang sich in den Sattel und sauste den Berg hinunter. Iwan sperrte ungläubig die Augen auf, so weit es ging: Das Rad funktionierte also doch! Und er fluchte dann noch zehnmal mehr, weil sich auch die alte Tretmühle standhaft weigerte, bergauf zu rollen.
Tja, sie scheinen einen sonderbaren Physikunterricht genossen zu haben, unsere Sieger. Und trotzdem schossen sie zwölf Jahre später den ersten Sputnik in den Himmel.

Von unserem Vater hatten wir seit dem militärischen Zusammenbruch in Ostpreußen nichts mehr gehört. Was für eine Freude, als uns eine Nachricht von ihm erreichte. Er war in sowjetische Gefangenschaft geraten, wurde aber rasch entlassen, weil er im Lager Diphtherie bekam. Die Russen hatten eine panische Angst vor ansteckenden Krankheiten und setzten ihn in einen Transportzug, der nach Stettin fuhr. Dort lag er, von der Diphtherie gelähmt, tagelang zwischen den Gleisen des Güterbahnhofs, bis jemand auf sein Stöhnen aufmerksam wurde und ihn ins Krankenhaus brachte. Über unsere Görlitzer Verwandtschaft gelang es ihm, unseren Aufenthalt zu erfahren. Meine Mutter erkannte ihn auf dem Bahnhof zuerst gar nicht, so sehr hatten die schwere Krankheit und die Entbehrungen sein Aussehen verändert. Doch nun war die Familie wieder zusammen – bis auf meinen älteren Bruder, von dessen Schicksal wir gar nichts wußten. Seine letzte Post war in der Gegend von Magdeburg aufgegeben worden. Hoffentlich war er nicht in russische, sondern in englische Gefangenschaft geraten! Hätten wir gewußt, daß er durch Gottes Fügung bereits in der Benediktinerabtei Metten in Bayern Aufnahme gefunden hatte, um sein Gymnasialstudium weiterzuführen, hätten wir uns keine Sorgen gemacht. Erst ein dreiviertel Jahr später glückte es ihm, unsere Adresse zu erfahren. Da hatten wir das Erzgebirge längst verlassen und eine neue Bleibe in einem Dorf unweit Riesa an der Elbe gefunden.

Waren in Görlitz und Freiberg Begegnungen mit russischen Soldaten selten gewesen, so gehörten sie jetzt zu meinem Schulalltag. Auf dem Weg zum Riesaer Gymnasium mußte ich die Elbbrücke passieren. Sie war in den letzten Kriegstagen gesprengt worden, inzwischen aber als Holzkonstruktion für Autos wieder passierbar gemacht, Fußgänger mußten sich vorsichtig am Rand der Fahrbahn bewegen, das hölzerne und nicht sehr stabile Geländer zum Fluß hin war höchstens einen halben Meter hoch. Unten toste die Elbe an die zerstörten Brückenpfeiler. Bei Dunkelheit wurde die Notbrücke nur von drei, vier trüben Funzeln erhellt. Wenn man sich jetzt den Nebel dazu denkt, aus dem plötzlich schwankende Gestalten betrunkener Soldaten auftauchten, wird man sich leicht vorstellen, mit welchem Herzklopfen ich jedesmal über die Brücke ging. Aber ich mußte ja hinüber, wenn ich im Winter vom Nachmittagsunterricht oder von den Jugendstunden im Pfarrhaus in unser Quartier wollte. Lag die Brücke hinter mir, waren die zwei Kilometer Fußmarsch danach fast ein Vergnügen, solange die schlecht beleuchteten Lastwagen auf der noch schlechter gepflasterten Straße einen nicht in den Graben abdrängten. Zugegeben, die Brückenposten waren pflichtbewußt und tranken keinen Schnaps, aber es lungerten bei ihnen oft Kameraden herum, die bedenklich herumtorkelten und ungeniert ihre Schnapsfahnen im Winde flattern ließen. So freundlich und kinderlieb die Muschiks im nüchternen Zustand waren, so gefährlich konnten sie im berauschten sein. Wenn sie sich darauf beschränkten, Deutsche anzurempeln und anzustänkern, konnte man noch von Glück reden. Angeblich hatten sie schon Passanten über das niedrige Geländer in die Elbe gestoßen. Wahrscheinlich war das ein wildes Gerücht wie so viele andere auch. Dem Iwan traute man das Schlimmste zu. Ob das stimmte oder nicht, ich hatte immer Angst, wenn ich im Dunkeln die Brücke passieren mußte.

Der deutsche Sprachschatz der Muschiks war sehr gering und bestand hauptsächlich aus Wörtern, die ich zu Hause niemals in den Mund nehmen durfte. Freundliche, ja zuckersüße Worte hörte ich freilich, als mich einer dieser angetrunkenen roten Krieger – dunkel war's und der Mond schien gar nicht helle – für ein Mädchen zu halten schien. »Deutsche Mädchen schöne Mädchen«, flüsterte er und fummelte mir dabei mit seinen Fingern im Gesicht herum. Bart wuchs mir noch keiner, und als ich, ihn abwehrend, sagte: »Ich bin kein Mädchen!«, war meine Sopranstimme kaum das geeignete Mittel, ihn über seinen Irrtum aufzuklären. Er blieb bei seinem »Deutsche Mädchen schöne Mädchen«. Die Richtigkeit dieser Behauptung an mir weiter zu überprüfen, fand er keine Gelegenheit mehr. Ein Wachposten wurde nämlich auf uns aufmerksam und schrie seinem Kameraden in scharfem Tone etwas zu, so daß er mich sofort losließ und ins Dunkel entschwand. Ich holte tief Luft, dann rannte ich über die Brücke, so schnell ich konnte, und wünschte mir in den nächsten Tagen nichts sehnlicher als den Stimmbruch.

Am hellichten Tag war das Passieren der Brücke unbedenklich. Darum schöpfte ich auch keinen Argwohn, als ein Motorrad mit Beiwagen neben mir hielt und der Fahrer, ein sommersprossiger Muschik, mich in leidlich gutem Deutsch fragte, wohin ich denn wolle. Ich deutete auf unser Dorf. »Karascho«, sagte er und forderte mich auf, in den Beiwagen zu steigen. Dieser Einladung konnte ich nicht widerstehen. Ich hatte mir schon immer gewünscht, im Beiwagen mitzufahren. Ich stellte mir das »einfach toll« vor – sicher beeinflußt von Filmszenen, in denen der schöne Mann auf der Maschine, die noch schönere Dame im Beiwagen sitzt und ihr blondes Haar im Winde flattern läßt. Bei mir meldete sich auch bald ein Flattern, aber nicht in den Haaren, sondern im Herzen. Das Motorrad war ein uraltes Modell aus der Frühzeit der Zweiräder. Der Beiwagen besaß kein eigenes Rad und damit auch keinen festen Halt. Man schwebte einige Zentimeter über dem Boden, und da dieser Boden eine ruinierte Straße mit tiefen Schlaglöchern war, schwebte ich keineswegs, sondern hüpfte in dem Beiwagen bedenklich auf und nieder und befürchtete, daß er in einem Schlagloch zu Bruch gehen könnte. Der sommersprossige Muschik ahnte nichts von meinen Ängsten, er blickte fröhlich zu mir herüber, ob ich auch den erhofften Spaß an dieser Fahrt habe. Ich zwang mich zu einem höflichen Grinsen, um ihn nicht zu enttäuschen. Dieses Grinsen verging mir aber restlos, als er nach einem Kilometer auf einen holprigen Feldweg abbog – nicht weil das Gerüttel noch schlimmer wurde, sondern weil ich wußte, wohin dieser Feldweg führte: zur sogenannten »Russenschwemme«. So nannte man damals eine mit Grundwasser gefüllte Kiesgrube, in der die Soldaten vom benachbarten Truppenübungsplatz zu baden pflegten. In den Dörfern kursierten wilde Gerüchte. Abends mischten sich angeblich auch deutsche Mädchen unter die Soldaten, »Russenschicksen«, wie die Leute verächtlich sagten. Ob das stimmte? Kaum, denn abendlichen Ausgang gab es für die Rotarmisten nicht. Wie dem auch sei, jetzt am hellichten Mittag geisterte kein Hauch von Orgie über der Kiesgrube. Etwa ein Dutzend Muschiks tummelte sich im Wasser, wie der liebe Gott sie geschaffen hatte, köpfelten von der Böschung, balgten und scherzten wie Schulbuben. Manche waren ja auch nicht viel älter. Es waren die ausgelassensten Rotarmisten, die ich je erlebt hatte. Sie kannten meinen Motorradhelden und begrüßten ihn mit lautem Hallo. Ruckzuck schälte er sich aus seiner verschwitzten Uniform und sprang mit elegantem Kopfsprung ins kühle Naß. Als er wieder auftauchte, winkte er mir zu und rief: »Du auch!« Ich schüttelte den Kopf. Obwohl diese übermütigen Nackedeis mir weniger Furcht einflößten als ein Jahr zuvor die nächtlichen Schlafgäste in Görlitz – irgendwie genierte ich mich, mich vor unseren Kriegsgegnern bis auf die Unterhose auszuziehen. Man fühlt sich dann so wehrlos. Mein neuer Freund hatte offenbar Verständnis für meine Weigerung, jedenfalls kletterte er bald wieder ans Ufer, ließ sich von der Sonne trocknen, zwängte sich wieder in die verschwitzte Uniform und weiter ging die halsbrecherische Fahrt. Er fuhr nämlich nicht auf die Landstraße zurück, sondern auf immer holprigeren Wegen in den nahen Wald hinein. Was um Himmels willen hatte er vor? Ich hatte keine Ahnung mehr, wo wir uns befanden. Aber mein Iwan kannte sich besser aus als ich. Und tatsächlich tauchte nach wenigen Minuten der Kirchturm des Dorfes auf, in dem wir untergebracht waren. Ich atmete auf. Alle Angst war wie weggeblasen. Mein Chauffeur verlangsamte die Fahrt und ließ sich von mir zu unserem Quartier dirigieren, half mir daselbst aus dem Beiwagen, streckte mir die Hand entgegen und fragte mit unwiderstehlichem Lachen: »Karascho?« Ich lachte, ein bißchen krampfhaft, zurück und erwiderte: »Karascho!«, was soviel bedeutet wie o.k. Insgeheim schimpfte ich ihn aus: Hättest du mir nicht vorher sagen können, daß du mir zur Freude einen Umweg fährst, du dummer Muschik?

Drei Tage später trafen wir uns wieder, und danach noch einige Male. Als Kurier war er ständig von der Kreisstadt zum nahen Truppenübungsplatz unterwegs und mußte die Elbbrücke passieren. War er in Eile, hupte er nur. Manchmal lud er mich in den Beiwagen ein, erlaubte sich aber keinen Umweg, wenn ich nicht einverstanden war. An einem sehr heißen Junitag machte ich selber den Vorschlag, zum Russenweiher zu fahren. Ich hatte jetzt keine Angst mehr vor den nackten Iwans und vor ihm schon gar nicht. Er hieß übrigens Iwan, aber ich nannte ihn nicht so. Iwan war seit dem Rußlandfeldzug für uns kein Personenname mehr, sondern ein Sammelbegriff für alle russischen Soldaten und nicht gerade eine ehrenvolle, sondern abwertende Bezeichnung. Auf die Iwans blickten die Deutschen genauso hinunter wie die Iwans auf uns. Ich taufte ihn für mich »Aljoscha« nach dem jüngsten und sympathischsten der drei Brüder Karamasoff in Dostojewskis berühmtem Roman. Aljoscha hatte nichts dagegen, obwohl er von Dostojewski keine Ahnung hatte. Seit Stalin die kulturpolitischen Richtlinien bestimmte, war in der Sowjetunion keine Neuauflage der Romane Dostojewskis erlaubt, und es sollte noch Jahrzehnte dauern, bis sie wieder erscheinen durften.

Aljoscha versuchte, mir einiges von sich zu erzählen. Das ging ziemlich mühsam. Er kannte zwar mehr deutsche Wörter als ich russische – in den westlichen Provinzen des Sowjetreiches war Deutsch die erste Fremdsprache – und scheint auch fleißig seine Kenntnisse vermehrt zu haben. Jedenfalls brachte ich heraus, daß seine Familie ein weit schlimmeres Schicksal heimgesucht hatte als die meine. Von seinen Eltern hatte er seit zwei Jahren keine Nachricht und fürchtete, daß sie den Krieg nicht überlebt

hatten. Wenn ich ihn recht verstanden habe, gehörten sie zu den Millionen Ukrainern, die den deutschen Truppen bei ihrem Einmarsch begeistert zugejubelt hatten, weil sie sich die Befreiung von der bolschewistischen Knechtschaft erhofften, Hoffnungen, die sehr bald enttäuscht wurden. Zwei seiner Brüder dienten in der Armee, einer war in deutsche Gefangenschaft geraten. Auch von ihnen hatte er keine Nachricht, genausowenig wie von seiner Schwester, von der er immer ein Foto in seiner Brusttasche trug, das er mir jedesmal zeigte: ein pausbäckiges Mädchen mit langen Zöpfen, dreizehn oder vierzehn Jahre alt. Gruschenka hieß sie, wie die Geliebte des Dimitri Karamasoff. Um die Schwester machte er sich die meisten Sorgen. Nur um ihretwillen wollte er nach Hause. Sonst wäre er lieber als Besatzungssoldat in Deutschland geblieben, wo vieles schöner, sauberer und ordentlicher war als in seinem Heimatdorf und ihn nur die gesprengte Elbbrücke an den Krieg erinnerte.
Dabei hatte er natürlich, wie die meisten Rotarmisten, eine völlig negative Vorstellung von Deutschland und von den Deutschen gehabt. Die Propaganda hatte ihnen eingehämmert, daß wir ungebildete, unzivilisierte, grausame Barbaren seien, was leider durch harte Maßnahmen der Wehrmacht oft genug bestätigt wurde. Außerdem seien wir zwar nicht alle Nazis, aber ideologisch absolut rückständig und von den Fortschritten des Sozialismus noch weit entfernt – abgesehen von dessen geistigen Vätern, Karl Marx und Friedrich Engels, die es deshalb in Deutschland auch nicht ausgehalten hätten. Auch in der Hygiene seien wir hoffnungslos rückständig. Bester Beweis dafür: Es gebe keine Entlausungsanstalten, die doch im armseligsten russischen Dorf zu finden seien.

Inzwischen hatte sich sein düsteres Bild von Deutschland und den Deutschen längst aufgehellt, auch wenn er die Entlausungsstationen noch immer vermißte. Die Dörfer und kleinen Städte mit ihren – damals noch nicht vom realen Sozialismus verwahrlosten – blitzsauberen Häusern und den schmucken Vorgärten gefielen ihm. Er wollte gar nicht glauben, daß darin keine Fabrikdirektoren, sondern einfache Arbeiterfamilien wohnten. Er hätte gerne eines betreten und sich darin umgesehen, ob es tatsächlich in jeder Wohnung elektrischen Strom und ein Klosett mit Wasserspülung gab. Doch so enge Beziehungen zu Deutschen waren offensichtlich als »Fraternisierung« streng untersagt. Am meisten freuten ihn als Kradfahrer die vielen asphaltierten Straßen. An den Deutschen bewunderte er, daß sie nach einem angestrengten Arbeitstag in den Fabriken noch stundenlang Garten- und Feldarbeit verrichteten. Nur die Mädchen fand er nicht so schön wie die in seiner Heimat. Zu dünn, meinte er.

Schade, daß er nicht mehr erlebte, wie die Fett- und Zuckerwelle über uns Deutsche hereinbrach und auch das weibliche Geschlecht überschwemmte! Mitte Juli verriet er mir ganz aufgeregt, er werde an einen anderen Standort versetzt; das müsse aber geheim bleiben. »Wohin denn?« fragte ich. »Nach Amerika«, lautete die verblüffende Antwort. »Nein, nicht an was du jetzt denkst: New York, Indianer, Henry Ford und so weiter, sondern an die Grenze zur amerikanischen Zone.« Das war eine traurige Nachricht. Freute er sich denn wenigstens über diese Versetzung? »Nein«, sagte er, »es ist die falsche Richtung, ich will nach Hause, und das ist dort.« Er deutete nach Osten. Wir würden uns wohl nie wiedersehen, das war uns beiden klar. Wir wünschten uns alles Gute für die Zukunft, dann umarmte er mich mit slawischer Herzlichkeit, fuhr noch eine Ehrenrunde und winkte, winkte, solange wir uns sehen konnten. Zwei Tage später wurde seine Einheit an die Zonengrenze verlegt.

Was mag aus ihm geworden sein? Hoffentlich durfte er bald nach Hause zurück und hat seine Schwester wiedergefunden, mein Iwan Aljoscha.

Rötlich, aber noch nicht rot

Im ersten Nachkriegsjahr handelten die Sowjets in vielem klüger als die Amerikaner (und als die Engländer sowieso). Uns Deutschen gegenüber schienen sie weniger mißtrauisch zu sein; schließlich hatten sie ja auch in den Kommunisten zuverlässige Vertrauensleute. Zunächst verpaßten sie ihrer Zone einen vorbildlich demokratischen Anstrich. Wenige Wochen nach Kriegsende ließen sie bereits deutsche Parteien zu: KPD, SPD, Zentrum und LDP. Aus dem Zentrum wurde bald die CDU, die LDP war als Sammelbecken für das liberale Bürgertum gedacht. Es fanden auch sehr bald demokratische Wahlen statt, zunächst nur auf Gemeindeebene. Die Wahlbeteiligung war hoch; in einer benachbarten Gemeinde sogar über 100 Prozent! Der Bürgermeister soll vor Stolz geplatzt sein.

Da die Kommunisten fast nirgends die meisten Stimmen erhielten – nicht einmal in der einstigen roten Hochburg Sachsen – forcierten sie den sicher schon vorher geplanten Zusammenschluß von KPD und SPD zur SED

(Sozialistische Einheitspartei Deutschlands, im Volksmund: »So endet Deutschland«). Diese erreichte dann zwar bei den Wahlen für die Landtage der neu gegründeten (später abgeschafften, inzwischen wieder gegründeten) fünf Länder keine absolute Mehrheit, wurde aber die stärkste Partei. Trotzdem: Das bürgerliche Lager stellte in ein oder zwei Ländern sogar noch den Ministerpräsidenten.

Ein Radiogerät besaßen wir in unserer Flüchtlingswohnung nicht. Aber unsere Wirtsleute überließen uns gerne die »Sächsische Volkszeitung«, die später zum linientreuesten Blatt der DDR in Sachsen wurde. Die Lokalredaktion in Riesa leitete ein junger Mann, der außer dem kommunistischen Parteibuch keine Voraussetzungen für seinen Redakteursposten mitbrachte. Mein Vater merkte das als erfahrener Zeitungsmann natürlich sehr bald. Und da die Zeitung Mitarbeiter suchte, meldete er sich; er wollte ja in seinem Beruf weiterarbeiten; wenigstens solange noch nicht der hundertprozentige Bolschewismus eingeführt war, wie er sagte, denn dann würde es um die Pressefreiheit nicht besser bestellt sein als unter den Nazis. Der kommunistische Leiter der Lokalredaktion erkannte die berufliche Überlegenheit meines Vaters neidlos an und ließ sich gern von ihm beraten. Die politische Gegnerschaft – hier Kommunist, dort Zentrumsmann – stellte kein Hindernis für ihre Zusammenarbeit dar. Für mich zahlte sie sich in klingender Münze aus. Ich durfte die Berichterstattung für unseren Eisenbahnknotenpunkt übernehmen. Viel mehr als zwei kurze Nachrichten pro Woche sprangen dabei nicht heraus. Honorar: 15 Pfennig pro Zeile. (Heute kriegt man für derartige Lokalnachrichten gar nichts, wenn man nicht offizieller Korrespondent ist!) Zum Glück fiel es mir nicht schwer, die kurzen Meldungen aufs Doppelte und Dreifache aufzubauschen: Kuh trampelt Weidezaun nieder, Hund beißt Zeitungsfrau, Lokführer wird schwarz vor den Augen, britische Fliegerbombe entschärft und ähnliche welterschütternde Ereignisse mehr. Die Maxime Carmichaels: »Wer das, was er mit zehn Worten sagen kann, mit zwanzig sagt, ist zu Verbrechen fähig«, kannte ich zu meinem Glück noch nicht.

Doch nicht nur das politische Leben erwachte dank der Förderung durch die Besatzungsmacht in der sowjetischen Zone früher als in westlichen Zonen, sondern auch das Kulturleben. Das galt, wie schon berichtet, für die Schulen, die im Westen erst später öffneten. Das galt auch für Theater und Konzerte; schon im Herbst 1945, wenige Monate nach Kriegsende, wurde in Riesa zu Orgelkonzerten eingeladen, zu Bachkantaten – die Kirchen faßten die Zuhörer kaum, so stark war der Hunger nach geistiger Nahrung, aber auch der Appetit auf leichte Kost wie »Schwarzwaldmädel« und »Czardasfürstin«.

In dieser Aufführung saß ich zufällig neben einer Mitschülerin; sie wurde nur Filia genannt, weil ihr Vater Lateinlehrer am Gymnasium war – pardon, gewesen war, denn als SA-Führer hatte man ihn seines Amtes enthoben. Filia hatte sich so herausgeputzt und sogar eine neue Frisur zugelegt, daß ich sie nicht gleich erkannte. Sie erschien mir wie eine Märchenprinzessin aus einer anderen, nicht unbedingt höheren Welt. (Unter den 24 Mädchen gab es mindestens 15 klügere als sie.) Sie ignorierte mich meistens, aber jetzt, durch die Musik verzaubert, faßte sie sogar meine Hand, als das Liebespaar sang:

»Machen wir's den Schwalben nach,
bau'n wir uns ein Nest.«

Nun, am nächsten Schultag war der Nestbau wieder vergessen.

In Riesa an der Elbe, unserem sechsten »Wohnsitz« in diesem unfreiwilligen Wanderjahr 1945, gab es kein altes Gymnasium wie in Freiberg, sondern nur eine neue Oberrealschule. Immerhin besser als nichts. Im Gegensatz zu Freiberg fiel der Russisch-Unterricht aus. Leider! Es fehlte wohl die Lehrkraft. So blieben meine Kenntnisse auf die simpelsten Sätze beschränkt: »Wir gehen zur Schule. Gehst du auch zur Schule? Wir kaufen Brot beim Bäcker, beim Fleischer kaufen wir Fleisch. Wer wohnt im Kreml? Im Kreml wohnt Josef Stalin. Er regiert unser Land. Er liebt das Volk. Das Volk aber liebt seinen Woschd.« Woschd heißt Führer; doch die deutsche Übersetzung wurde in diesem Fall vermieden.

Die Oberrealschule in Riesa legte größten Wert auf Mathematik, Physik und ein bißchen Englisch, besaß aber zum Glück auch einen sprachlichen Zweig mit ein bißchen Latein. Für diesen entschieden sich außer mir noch drei männliche und vierundzwanzig weibliche Wesen. Einer so geballten Ladung von Weiblichkeit war ich in meinem späteren Leben nie mehr ausgesetzt. In der Parallelklasse mußte sich ein (1) Mädchen gegen eine männliche Übermacht von dreißig Jungen behaupten.

In unserem Männerquartett war ich der einzige Schlesier, die anderen drei waren Einheimische: Kurt ein überzeugter Kommunist, Günther ein Fußballnarr und Erich ein Herzensbrecher. Zum Glück versuchte keiner, mich für sein Ideal zu begeistern, es wäre auch vergebliche Liebesmühe gewesen. Die Gespräche in der Pause dreh-

ten sich fast nur um die Schule, um Politik fast nie. Wichtige Ereignisse wie die Gründung der FDJ (Freie Deutsche Jugend) im März wurden kurz kommentiert, aber nicht leidenschaftlich diskutiert. Den Kommunisten paßte es sowieso nicht, daß in der FDJ alle politischen und konfessionellen Gruppen vertreten waren. Sogar Katholiken gehörten zur Führungsspitze – allerdings nicht lange. Etwas mehr Zündstoff lieferte der zur selben Zeit erfolgte Zusammenschluß von KPD und SPD zur SED. Die Mädchen aus den bürgerlichen Familien befürchteten die Enteignung ihrer Eltern, der Herzensbrecher hoffte auf die freie Liebe, der Kommunist mißtraute den »laschen Sozis«, nur den Fußballnarr erschütterte nichts. Bei diesem spärlichen Vorrat an Gemeinsamkeiten wundert es sicher nicht, daß wir außerhalb der Unterrichtszeit kaum Kontakte miteinander pflegten; ich am allerwenigsten, niemand hatte denselben Schulweg wie ich. Ohne Not wagte sich niemand über die Elbe.
Und die Lehrer? Mein Zwischenspiel auf dieser Oberschule dauerte nicht lange genug, um alle im Gedächtnis zu speichern – außer den Direktor, den Lateinlehrer und die Deutschlehrerin. Keiner von den dreien hatte vor 1945 an der Schule unterrichtet. Die alte Lehrerschaft, soweit sie das Parteiabzeichen der NSDAP getragen hatte, war aus dem Schuldienst entlassen. Für sie wurden »Neulehrer« eingestellt, meistens junge Männer, die vor fünf oder sechs Jahren mit ihrem Studium angefangen hatten, aber dann zur Wehrmacht eingezogen worden waren. Es war nicht leicht für sie, sich nach so langer Unterbrechung wieder gründlich in ihre Fachgebiete zu vertiefen. Aber sie schafften es. Und wenn sie den Lehr-

stoff nicht hundertprozentig beherrschten, machten sie das durch ihr ungewöhnliches Engagement wett. Wir hatten sie gern.

Sozialistisch geprägte Schulbücher gab es begreiflicherweise noch nicht. Das war ein Vorteil. So blieben wir von roter Ideologie zunächst verschont. Dem neuen Schulleiter ging zwar der Ruf eines strammen Kommunisten voraus; in seinen Ansprachen und in seinem Unterricht merkten wir aber nichts davon. Die ersten Jahre herrschte unter der sowjetischen Besatzungsmacht ein relativ hohes Maß an Meinungsfreiheit, wenn man es mit der Zeit vorher und nachher verglich. Erst nach Gründung der DDR wurde Marxismus-Leninismus Unterrichtsfach und blieb es auch noch, nachdem er in der Praxis längst zum Marxismus-Senilismus mutiert war.

Unsere Deutschlehrerin war eine eindrucksvolle Persönlichkeit, eine wahre Dame. Obwohl sie Flüchtling war und kaum ihre Kleiderschränke auf die Flucht mitgenommen hatte, erschien sie immer ungewöhnlich gepflegt in der Schule – ungewöhnlich deshalb, weil man damals wenige gepflegte Menschen sah. Wahrscheinlich war sie in ihrer Heimat, der Zips, einer von Deutschen bewohnten Region der Slowakei, glühende Hitler-Anhängerin gewesen. Doch woher sollte man das in Riesa wissen? Wir Schüler merkten es an manchen »Ausrutschern«, wenn sie über Tschechen oder Juden sprach. Aber das störte uns nicht. Sie war gescheit, nach der Logik ihrer Ausführungen sogar ein Genie. Sie stammte nämlich aus einem einsamen Dorf, wo seit Generationen Inzucht herrschte. Die Folge läßt sich denken: 90 % Idioten, 10 % Genies, kaum jemand mit normalem Intelligenzquotient. Zu den Idioten konnten wir sie beim bösesten Willen nicht rechnen. Also mußte sie ein Genie sein. Deswegen hatte sie auch nicht geheiratet. Das erklärte sie uns so: Wenn zwei Genies heiraten, besteht die Gefahr, daß, gemäß den Erbgesetzen, möglicherweise zwei von drei Kindern Idioten werden. Diesem Risiko wollte sie sich nicht aussetzen. Kann man ja verstehen.

Drei Aufsätze mußte ich bei dieser genialen Lehrerin schreiben. Es sind die einzigen, die ich aus meiner Schulzeit besitze. Im Lande Sachsen wurden sie in ein Heft geschrieben, das der Verfasser am Ende des Schuljahres zurückerhielt, nicht wie in Bayern, wo die Aufsätze zwei Jahre lang im Sekretariat schmoren müssen, bis sie endlich der Reißwolf frißt. Angeblich wegen möglicher Beschwerden. Die Sachsen fürchteten dergleichen nicht, und so kann ich noch ein halbes Jahrhundert später nachlesen, was mir auf der Schulbank einfiel und in die Feder floß.

Den ersten Aufsatz schrieb ich über das Thema:

»Willst du glücklich sein im Leben,
trage bei zu anderer Glück;
denn die Freude, die wir geben,
kehrt ins eigene Herz zurück.«

Als Beispiel für diese Wahrheit diente mir meine Mutter. Auch in der äußersten Not hatte sie ein offenes Herz und eine offene Hand für jemand, der noch schlechter dran war als wir. Und darum fand sie selber auch immer wieder Hilfe.

Der zweite Aufsatz mit dem Thema: »Unsere Berufswahl im Dienste des Wiederaufbaus unseres Volkes« geriet mir zu einem leidenschaftlichen Appell ans deutsche Volk, sich wieder auf Gott zu besinnen. Keine Predigt konnte frömmer sein. Trotzdem erhielt ich die Note 1, und das an einer »roten Schule«. Beim Verlassen des Klassenzimmers paßte die Lehrerin mich ab und sagte: »Du schreibst ja, als ob du Pfarrer werden wolltest. Hast du das vor?« »Nein«, erwiderte ich, und das war ehrlich gemeint. Der dritte Aufsatz stürzte sie in einige Verlegenheit. Das Thema lautete: »Unsere Schule«, zu bearbeiten als Brief an einen ausländischen Freund. Ich schrieb acht Heftseiten voll in gereimten Versen. Schreibt man so Briefe? Die Lehrerin befand: Nein, und wollte mir die schlechteste Note erteilen, weil der Arbeitsauftrag nicht erfüllt sei. Sie bekam dann aber doch Zweifel und legte den Fall einer Fachkonferenz vor. Der Direktor ließ mich zu sich rufen und fragte mich, in welcher Form ich Briefe zu schreiben pflege. »Als Gedicht«, antwortete ich, »wie sonst?« Das stimmte sogar, Geburtstagsbriefe hatte ich immer gereimt. Meine prompte Antwort überzeugte ihn und er setzte die Note 1 fest. Da dieser »Brief« viel von der optimistischen Aufbruchsstimmung verrät, die uns Sechzehnjährige damals beseelte, erlaube ich mir, einige der 28 Strophen meiner Leserschaft zuzumuten.

Die Schüler scheinen sich recht wohl zu fühlen
ohne den Drill. Und haben Muße nun,
sich intensiv dem Unterricht zu widmen,
wenn sie das leider auch nicht immer tun.

Und ihre Reden in der Pause sollst du hören,
da weht ein anderer, ein freier Wind.
Die Mädchen freilich sich um andres scheren,
ums Tanzen, weil sie eben Mädchen sind.

Die Schüler schaffen auch mit ihren Händen
am großen Werk, um unser Vaterland
zu retten vor dem drohenden Verenden.
So ist es in der ganzen Stadt bekannt.

Daß auch die Oberschule sich mit ganzer Kraft
dem Wiederaufbau zur Verfügung stellt
und für die Zukunft unseres Volkes schafft,
wie's eben eine Ausstellung erhellt.

Nun aber Schluß, die Zeit ist gleich vorüber.
Ich glaube, daß du jetzt im Bilde bist,
und hoffe innig, daß mein lieber Leser
darüber noch nicht eingeschlafen ist.

Als ich den Aufsatz meinem Vater zeigte, meinte er skeptisch: »Dein Optimismus in allen Ehren. Warten wir mal ab, ob du recht behältst.« Ich sagte: »Du unverbesserlicher Pessimist!« Er korrigierte lächelnd: »Realist, mein Lieber.« Und der Realist sollte recht behalten.
Da ich fünf Jahre lang ein humanistisches Gymnasium besucht hatte, war ich meinen Mitschülern, die erst mit Latein begannen, natürlich weit voraus. Einmal sogar dem Lehrer. Das führte zu einem heiteren Vorfall. Eines Tages war das Wort »noch« zu übersetzen. Dem Lehrer fiel es nicht ein. Er rief mich auf: »Seipolt, was heißt ›noch‹?« Noch? Ich wußte es auch nicht, wollte aber meinen Ruhm als Spitzenlateiner unter siebenundzwanzig Schmalspurlateinern nicht aufs Spiel setzen und sagte keck: »›Noch‹ heißt eti.« Der Lehrer bedankte sich, und alle Schüler trugen in ihr Vokabelheft ein: »Noch – eti.« So lernten sie es dann, so wurde es abgefragt. Ob sie je

erfahren haben, daß »noch« zwar tatsächlich »eti« heißt, aber nicht in Latein, sondern in Griechisch?

Die neuen Herren, die Kommunisten, wollten alles anders und besser machen als ihre braunen Vorgänger. Darum empörte sie nichts mehr als der Vorwurf, sie machten es genauso wie diese. Zum Beispiel in punkto Religionsunterricht. Die Nazis hatten ihn abgeschafft, die Kommunisten – ihrem Glauben treu – führten ihn natürlich nicht wieder ein. Von Kirchenfeindschaft merkten wir aber nichts. Die sowjetische Besatzungsmacht scheint sich in den ersten Jahren im allgemeinen korrekt verhalten zu haben. Wegen ihres Widerstandes gegen den Nationalsozialismus und ihrer vielen Märtyrer in den KZs erfreute sich die Kirche sogar eines gewissen Respekts von seiten der Russen. Katholische Pfarrer erschienen ihnen durchaus vertrauenswürdig. So genehmigten sie auch Fronleichnamsprozessionen, in vielen sächsischen Orten die ersten seit der Reformation.

Auf die Pfarrer im Sachsenland rollten neue Aufgaben zu: Die Zahl ihrer Pfarrangehörigen verdoppelte, verdreifachte und vervierfachte sich. Von den Flüchtlingen aus Schlesien und aus dem Sudetenland waren Hunderttausende katholisch. Und selbst, wer vorher ein lauer Christ gewesen oder während der Nazizeit aus Opportunismus aus der Kirche ausgetreten war, entdeckte die Kirche neu. Auch unter diesen Leuten gab es Opportunisten, klar, aber sie bildeten sicher nicht die Mehrheit. Viele, darunter auch bodenlos enttäuschte und desillusionierte Nazis, suchten nach geistiger Orientierung und einem seelischen Halt. Den konnte nur die Kirche bieten. Sie besaß zwar keine Mittel, materiell zu helfen, wenigstens in der sächsischen Diaspora nicht, doch die Geistlichen, die ich kennenlernte, verstanden es, eine geistige Heimat zu schaffen für alle, deren äußere Heimat verloren war. Zu diesem Zweck mußten in Dörfern, wo seit Luthers Tagen keine Messe mehr gefeiert worden war und kein Katholik mehr gewohnt hatte, Räume für den Gottesdienst gefunden werden. Das war nicht immer leicht. Das historisch bedingte Mißtrauen gegen Priester schien zu fest eingewurzelt. Als ein Freund, den es als Flüchtling in ein einsames Dorf verschlagen hatte, seine Quartierleute fragte, ob es in der Nähe eine katholische Kirche oder Kapelle gebe, versteckten sie ihre Kinder vor ihm aus Angst, er könnte sie verhexen oder irgendwelchen papistischen Schabernack mit ihnen treiben. Trotz solcher und ähnlicher Hemmnisse wurden Hunderte von Seelsorgestellen auf dem flachen Land und in den Gebirgsdörfern eingerichtet. Manche wurden bald wieder aufgegeben, weil viele der Vertriebenen in die Städte oder in den Westen übersiedelten. Viele blieben aber auch, vor allem die Geistlichen. Man darf wohl behaupten, daß »die schlesische Blutzufuhr« den sächsischen Katholiken gut getan hat und vom Vogtland bis zur Lausitz noch heute spürbar ist. Übrigens versicherten mir auch Pfarrer im damals noch hundertprozentig katholischen Niederbayern, wie froh sie waren, wenn sich eine Anzahl kirchentreuer Schlesier in ihrem Sprengel niederließ; die hätten frischen Wind in ihre Gemeinden gebracht. Und einer fügte augenzwinkernd hinzu: »Und wenn Einheimische Vertriebene heiraten, wurden es besonders hübsche Kinder.«

Aus welchem Grund und auf welche Weise ich im Sommer 1946 nach Niederbayern gelangte, ist eine eigene Geschichte. Ich habe sie im *»Adalbert-Seipolt-Lese-*

buch« erzählt unter dem Titel »*Wie ein Mußpreuße zum Darfbayern wurde*« – Darfbayer bitte, nicht Dorfbayer! Gerade siebzehn Jahre alt und keine vierzig Kilo schwer, kam ich in meiner neuen Heimat an. Mein Gewicht hat sich inzwischen fast verdoppelt, aber in Niederbayern bin ich nicht nur deshalb geblieben. Zugegeben, Niederbayern sind für Schlesier etwas gewöhnungsbedürftig, aber nicht mehr als Schlesier für die Niederbayern. So war Harmonie vorprogrammiert.
Bei meinem nicht ganz legalen Wechsel von der sowjetischen in die amerikanische Besatzungszone galt es, noch eine Krisensituation von drei Stunden Dauer zu überstehen. So lange kontrollierten nämlich die sowjetischen Grenzposten den Zug der Umsiedler. Versteckt zwischen zwei Federbetten fanden sie mich nicht. Als dann die russischen Kommandorufe von amerikanischen abgelöst wurden und der Zug nach Hof hinunterzurollen begann, atmete ich auf.
Daß ich meine Eltern erst sechs Jahre später wiedersehen würde, ahnte ich nicht.

Rückkehr ohne Zorn

Dreißig Jahre später stand ich wieder vor unserer Wohnungstür – in Breslau, zusammen mit meiner Mutter. Mein Vater beteiligte sich an dieser Reise nicht; er wollte die alte Heimat so schön in der Erinnerung behalten, wie er sie erlebt hatte, und nicht, wie sie nach drei Jahrzehnten Sozialismus heruntergewirtschaftet war. Viele Teilnehmer an dieser Busreise waren Schlesier, die ihren erheirateten bayerischen Ehepartnern beweisen wollten, daß Schlesien weder der Anfang der asiatischen Steppe noch ein Ausläufer des Balkans ist. Die Fahrt durch das bäuerliche Land mit den gut bestellten Getreidefeldern widerlegte wenigstens den Vorwurf der Steppe; den Vorwurf des Balkans bekräftigten dafür die Betrunkenen auf den Dorfstraßen, die den Busfahrer zur Slalomtechnik zwangen. Die Hauptstadt selber schien noch mehr Breslau als Wroclaw zu sein, obwohl die Kaiser-Wilhelm-Straße längst nicht mehr Straße der SA, auch nicht Straße der Roten Armee, sondern Powstancow Slaskich hieß.

Sehr vertraut wirkten die von den Polen vorbildlich restaurierte Altstadt mit ihrem berühmten gotischen Rathaus und die vom Festungskampf weithin verschonten Stadtrandsiedlungen wie unser Zimpel. Als Negerdorf konnte man es nicht mehr abqualifizieren, da es zum bevorzugten Wohnsitz von Universitätsprofessoren avanciert war. Das erfuhr ich vom Pfarrer der »Heiligen Familie«, als ich ihn besuchte. Ich hatte, da ich nur ein einziges polnisches Wort kenne und dieses kein sehr anständiges ist, lateinische Begrüßungssätze vorbereitet. Doch das erwies sich als unnötig. Dr. Tomaszewski sprach ausgezeichnet deutsch. Er freute sich sehr über den Besuch, wahrscheinlich den ersten aus der deutschen Vergangenheit seiner Pfarrei. Er besaß auch ein deutsches Missale, so konnte ich am nächsten Morgen, es war mein Geburtstag, in meiner Heimatkirche eine deutsche Messe feiern. Anschließend lud er uns zum Frühstück ein, das fugenlos ins Mittagessen überging, weil ich ihm über unser Gemeindeleben im Dritten Reich erzählen mußte, über die »schwarze Insel im braunen Meer«. Er staunte, er hatte so viele kirchliche Aktivitäten während der Naziherrschaft nicht für möglich gehalten. Darum bat er mich, das alles aufzuschreiben. Vier Jahre später sollte das goldene Gründungsjubiläum der »Heiligen Familie« gefeiert werden. Da wollte er die deutschen Jahre nicht ganz unterschlagen. Jedenfalls war das sein Wunsch, und der war sicher ehrlich gemeint. Ich sagte zu; doch bevor ich meinen Bericht begann, erreichte mich, ein Jahr später, die Nachricht von seinem plötzlichen Tod. Sein Nachfolger, der so viel Deutsch sprach wie ich Polnisch, äußerte kein Interesse. Vielleicht wollte er am urpolnischen Charakter der »Heiligen Familie« keinen Zweifel aufkommen lassen. Doch der Wunsch des Pfar-

Elternhaus in Breslau-Zimpel

rers und Professors Tomaszewski ließ sich nicht verdrängen, und so habe ich, mit jahrelanger Verspätung, meine Zusage eingelöst. Ich nehme an, er schaute mir vom Himmel über die Schulter, wenigstens auf den ersten Seiten, wo ich die »Heilige Familie« im Dritten Reich schilderte.

Vom Pfarrhaus gingen Mutter und ich zu unserer früheren Wohnung. Vor dreißig Jahren mußten wir sie bei Nacht, Nebel und Kälte mit zwei Koffern für vier Personen verlassen. Was mochte das Haus inzwischen erlebt haben? Der Krieg hatte ihm keinen Schaden zugefügt, eigentlich der ganzen Siedlung nicht. Das kam fast einem Wunder gleich, war doch Breslau insgesamt zu achtzig Prozent zerstört worden. Wir hätten also das Haus auch ohne die Hausnummer sofort gefunden. Im Garten hatte sich wenig geändert: Die Rosenstöcke rechts und links am Weg vom Gartentor zur Wohnungstür, die Johannisbeersträucher an der Grenze zum Nachbargrundstück, die beiden Kirschbäume und der Apfelbaum hatten die dreißig Jahre unversehrt überstanden. Nur die Tanne und die Fichte hatte man gefällt. Auch den hölzernen Zaun hatte man zu Brennholz verarbeitet und durch einen unschönen eisernen ersetzt.

Meine Mutter und ich zögerten, am Gartentor zu klingeln. Wir hatten Unterschiedliches über das Verhalten der Polen ehemaligen deutschen Bewohnern gegenüber gehört. Die meisten wurden freundlich aufgenommen und bewirtet, manchen wurde aber auch die Türe vor der Nase zugeschlagen. Im Bus erzählte man die Geschichte eines alten deutschen Bauern, der mit seinem Auto in sein Heimatdorf fuhr, um seinen Hof in Brand zu stecken. Volle Benzinkanister hatte er dabei, sonst nichts.

Sein polnischer Nachfolger begrüßte ihn aber schon vor der Hofeinfahrt mit solcher Herzlichkeit, daß er es nicht mehr fertigbrachte, seinen Racheplan durchzuführen – erst rein psychisch nicht, wegen des liebenswürdigen Empfangs, später auch rein physisch nicht, als die Bäuerin ihm zu Ehren eine Gans schlachtete und der Bauer ihn mit selbstgebranntem Kartoffelschnaps abfüllte. Und Brüderschaft mit ihm schloß.

Wie würden unsere polnischen Nachmieter reagieren? Zu sehen war niemand, weder im Garten noch im Haus. Auf dem Grundstück nebenan mähte ein älterer Mann seinen Rasen. Er beobachtete uns eine Weile, dann kam er auf die Straße und sprach uns auf deutsch an. Er ahnte, was wir vorhatten und warum wir so unschlüssig waren. »Sie wollen ins Haus Nummer 11? Ich weiß nicht, ob Antkowiaks zuhause sind. Aber ich begleite Sie gern. Die Frau versteht nämlich kein Deutsch, der Sohn lernt es aber auf der Schule.«

Wir nahmen sein Angebot dankbar an. Er läutete, eine Frau öffnete. Sie schien nicht sehr erbaut über unser Erscheinen. Der Nachbar erklärte ihr unseren Wunsch. Schließlich konnte er sie überreden, uns in die Wohnung zu lassen. Sie selber habe leider keine Zeit, ließ sie uns ausrichten, sie müsse zum Zahnarzt, aber ihr Sohn sei zuhause. Der freundliche Dolmetscher von nebenan verabschiedete sich und wünschte uns schöne Tage »in der alten Heimat«, wie er wörtlich sagte. Die Frau führte uns noch ins erste Stockwerk, genau in das Zimmer, das meinem Bruder und mir gehört hatte. Janusz machte gerade schriftliche Hausaufgaben. Seine Mutter erklärte ihm die Situation, dann verließ sie ohne jeden Gruß das Haus. Die Zahnschmerzen müssen wirklich schlimm gewesen sein; denn im allgemeinen ist Höflichkeit eine polnische Tugend.

Janusz freute sich riesig, seine in drei Schuljahren erworbenen Deutschkenntnisse am lebenden Objekt auszuprobieren, noch dazu an jemandem, der im selben Haus gewohnt hatte. Er führte uns durch die Wohnung. Meine Mutter sah sich sehr genau um, ob nicht doch noch eines ihrer Möbelstücke vorhanden sei. Umsonst. Janusz erbot sich, uns einen Kaffee zuzubereiten. Mutter blieb dann allein im Wohnzimmer und hing ihren Erinnerungen nach. Ich bat Janusz, mir seine deutschen Unterrichtsbücher zu zeigen. Wir gingen in sein Zimmer. Mein geliebter Schreibsekretär, den mir mein Großvater, Tischler seines Zeichens, zum zehnten Geburtstag eigens angefertigt hatte, war natürlich längst den Weg allen Holzes gegangen.

Janusz war 15 Jahre alt, genauso alt wie ich, als wir unsere Wohnung verlassen mußten. Er zeigte mir sein Lehrbuch für die deutsche Sprache mit der dazugehörigen Grammatik. Offensichtlich made in DDR. In den zusammenhängenden Texten erfuhr man viel von den Errungenschaften der DDR und vom Kampf der sozialistischen Staaten gegen den Dollarimperialismus, ein paar klassische Gedichte waren eingestreut. Er plagte sich gerade mit einem Text über Rosa Luxemburg, hier mit ihrem polnischen Mädchennamen genannt. An zwei Stellen war er unsicher im Gebrauch der Präpositionen und bat mich um Rat. Sonst war es nicht nötig, er übersetzte tadellos. Fast eine Stunde lang unterhielt ich mich mit ihm. Er begleitete uns noch bis ans Gartentor und wünschte uns schöne Tage in Breslau. Und nannte es nicht Wroclaw.

Meiner Mutter war vor allem aufgefallen, wie sauber die Wohnung war, kein Hauch von der viel gelästerten »polnischen Wirtschaft«. »So ordentlich war unsere Wohnung selten aufgeräumt«, gestand sie mir, fügte aber gleich hinzu: »Nun ja, ich hatte ja nicht nur ein Kind wie diese Polin, sondern vier. Und darunter ein so unordentliches wie dich!«

Von Breslau aus machten wir am nächsten Tag einen Abstecher nach Trebnitz, dem bedeutendsten schlesischen Wallfahrtsort. Dort ruht in einer Seitenkapelle die heilige Hedwig, die Patronin des Landes, von Polen wie von Deutschen gleichermaßen verehrt. An der heiligen Messe, die ich in deutscher Sprache zelebrierte, nahm die gesamte Reisegesellschaft teil. Es war am späten Vormittag außer uns niemand in der Kirche. Erst nach dem Evangelium erschienen Leute, die nicht zu uns gehörten, offensichtlich Polen, denn man sah ihnen an, daß sie sich über den Gebrauch der deutschen Sprache wunderten. Sie wußten eben nicht, daß die heilige Hedwig – von ihnen Jadwiga genannt – als Prinzessin aus Bayern nach Schlesien gekommen war, um den jungen Herzog Heinrich zu heiraten. Als das verwunderte Schauen der neuen Kirchenbesucher in erregtes Getuschel überging, sagte ich mir: Jetzt mußt du etwas unternehmen! und stimmte die Präfation auf Lateinisch an. Die Antwort auf das »Dominus vobiscum« klang noch etwas zögerlich, aber auf »Sursum corda!« tönte es kräftig »Habemus ad Dominum«; aus polnischen wie aus deutschen Kehlen. Wir blieben dann dem lateinischen Text treu bis zum Deo gratias. (Selten wurde mir die Übernationalität unserer Kirche so sehr bewußt wie bei diesem Gottesdienst in Trebnitz.) Ob das heute noch möglich wäre?

Auf der Rückfahrt von Breslau hörte ich das Wort von der alten Heimat nicht mehr so häufig wie auf der Hinfahrt. Waren die Leute enttäuscht? Wohl nur ganz wenige. Bei den anderen hatten sich wahrscheinlich manche Erwartungen nicht so erfüllt, wie sie gehofft hatten. Aber ist das nicht bei den meisten Wiedersehen so, dieser Blick in eine Vergangenheit, die unwiederholbar ist? Hundertprozentig daheim und zuhause hatte sich wohl niemand gefühlt. Am klügsten handelte, wer diese Fahrt in den Geburtsort oder an die Stätten der Kindheit als Abschiedsbesuch betrachtete. Dreißig Jahre früher, in der Hektik und Panik von Flucht und Vertreibung, hatte

Kinder verlernen das Spielen auch in Trümmern nicht

die Zeit nicht zum Abschiednehmen gereicht. Das hatte man jetzt nachholen können. Meine Mutter faßte die Reise so auf, und darum gönnte sie es den Polen, in dieser schönen Stadt zu wohnen. Nur Wroclaw sollten sie nicht sagen, weil das keine deutsche Zunge richtig aussprechen kann.

Was man schwarz auf weiß besitzt

Als wir im letzten Kriegswinter mit zwei Koffern für sechs Personen die Flucht vor der Roten Armee antraten und ein halbes Jahr später bei dem Versuch der Rückkehr in die Heimat auf der Neißebrücke unsere letzten Wertsachen einbüßten, tröstete uns unsere Mutter beide Male mit einem ihrer Lieblingssprüche: »Alles kann man dem Menschen rauben, nur das nicht, was er im Kopf hat.« Ein wahres Wort. Doch leider, leider sind wir nicht dagegen gefeit, auch das zu verlieren, was wir im Kopf haben. Jünger wird niemand, nicht einmal jene Damen, die, nach Thomas Mann, ihr 30. Lebensjahr schon seit zehn Jahren erreicht, aber noch nicht überschritten haben. Bevor nun das Gedächtnis ähnliche Ausfallserscheinungen erleidet wie das Haupthaar, tut man gut daran, schriftlich festzuhalten, was man aus dem Knabenalter ins Greisenalter und gar für die Nachwelt retten will. Wie sagt doch der Schüler im »Faust«? »Was man schwarz auf weiß besitzt, kann man getrost nach Hause tragen.«
Den Anstoß, diese Erinnerungen aufzuschreiben, erhielt ich, wie schon gesagt, vom polnischen Pfarrer der »Heiligen Familie«. Später drängten mich immer wieder Schüler der oberen Klassen, denen ich im Geschichts-

unterricht einige Seiten aus dem Manuskript vorlas, nicht mit dem Ende des Dritten Reiches die Niederschrift zu beenden, sondern wenigstens noch anzufügen, was ich unter Väterchen Stalin erlebte. Sie wollten die Chance nutzen, einen »Zeitzeugen« zu befragen, bevor diese beneidens- wie bedauernswerte Spezies ausgestorben oder zumindest aus den Klassenzimmern in den Ruhestand entschwunden ist. Ganz Neugierige wollten auch wissen, ob ich nie in die Versuchung geraten sei, ein begeisterter Hitlerjunge zu werden; gerade im Alter von zwölf bis fünfzehn Jahren sei es doch nicht leicht, gegen den Strom zu schwimmen. Nun, ich brauchte, Gott sei Dank, gegen keinen Strom zu schwimmen, sondern vertraute mich dem »Familienstrom« an, der meinem Elternhaus genauso entströmte wie der »Heiligen Familie« und, nicht zu vergessen, dem Klassenzimmer am Sankt-Maria-Magdalenen-Gymnasium.

Wo fanden wir Vorbilder, die uns begeisterten? Nicht im sogenannten Führerstaat, wo mit den meisten Führern kein Staat zu machen war, jedenfalls nicht im Fähnlein 69 des Bannes Breslau-Stadt. Vorbilder fanden wir in der »Heiligen Familie«. Den roten Ministrantenrock trugen wir hundertmal lieber als das braune Hemd. »Großer Gott, wir loben dich«, schmetterten wir aus voller Kehle, während wir bei »Die Fahne hoch! Die Reihen fest geschlossen!« uns mit Piepstönen begnügten. Das galt sicher nicht nur für unsere Pfarrei im »Negerdorf Zimpel«, sondern für alle Gemeinden, in denen – den Nazis zum Trotz – die Jugend noch treu zur Kirche stand.

Wie viele mögen das im ganzen Deutschen Reich gewesen sein? Sicher viele Tausende. Von einem Prominenten wissen wir es. Bundeskanzler Kohl erklärte 1984 bei seinem Staatsbesuch in Israel, was ihn davor bewahrt habe, sich während des Dritten Reiches in Schuld zu verstricken: »Die Gnade der späten Geburt und das Glück eines besonderen Elternhauses.« Dieser Satz wurde schnell zum geflügelten Wort, oft kritisiert und ironisch interpretiert. Ich stimme ihm zu. Die Gnade der späten Geburt gilt auch für mich, wurde ich doch im selben Jahr eingeschult wie Helmut Kohl und war wie er bei Kriegsende fünfzehn Jahre alt. Und mein »besonderes Elternhaus« war sicher genauso katholisch wie seins. Unsere Erlebnisse im Krieg waren freilich sehr verschieden. In seiner pfälzischen Heimat litt die Bevölkerung jahrelang unter Bombenangriffen, während wir Schlesier im »Luftschutzbunker des Deutschen Reiches« uns fühlen durften wie in Abrahams Schoß. Bis 1945. Dann schlug das Schicksal doppelt hart zu: Flucht und Vertreibung, Elend und Hunger, die Familie zerrissen, die Zukunft ungewiß. Das alles hätte mir doch die Freude am Leben rauben müssen, meinte ein Schüler. »Hätte ja, aber hat nicht«, war meine Antwort. Er fragte nach: »Lag das auch an der Gnade der späten Geburt?« »Nicht nur, aber auch«, erwiderte ich. »Mit fünfzehn Jahren erfassen sicher nur wenige die volle Tragik des Kriegsgeschehens. Oft übertrifft die Neugier den Schrecken, manches strahlt einen abenteuerlichen Reiz aus, oder man ertappt sich beim Lachen, wo Weinen angebracht wäre.« Das hielt er für eine gute Einrichtung des Schöpfers. Ich auch.

In Fernsehreportagen aus Ländern, die von Krieg und Elend heimgesucht werden, tauchen immer wieder Kinder auf, die zwischen den Trümmern von Häusern, ausgebrannten Fahrzeugen, Schutthalden und Elendswohnungen, ja sogar in der Nachbarschaft von Toten unbekümmert und vergnügt zu spielen scheinen. Viele überrascht das und sie glauben, die Kinder würden von den Kameraleuten durch kleine Geschenke zum Spielen und Lachen überredet. Ich glaube das nicht. Denn war es bei uns nicht ähnlich? Was haben wir nicht alles gespielt, Ratespiele vor allem! Bleistift und ein Stück Papier genügten uns, manchmal wurde der Kopf zum einzigen Spielzeug. So bleibt die Freude am Leben wach. Und das hoffe ich auch für die Kinder, die unter Krieg, Elend und Hunger leiden. Möge ihnen eine bessere Zukunft vergönnt sein, als sie es sich jetzt vorstellen können! So wie es meiner Familie vergönnt war – dank der gütigen Führung Gottes und der Tüchtigkeit meiner tapferen Mutter.

Bildnachweise

7, 46, 61, 93, 123 Autor, privat
9, 27 Plan & Karte GmbH
18 Karl Stehle, München
40 aus: Oldenbourgs Geschichte für Gymnasien 12
73 Keystone Pressedienst, Hamburg
84 Sächsische Landesbibliothek, Dresden
96 Ullstein Bild
128 Landesarchiv Berlin / Henry Ries

Bei einigen Fotos konnten trotz intensiver Recherchen die Rechtsinhaber nicht ermittelt werden. Eventuelle Ansprüche sind an den Verlag zu richten.

Bibliografische Information der Deutschen Bibliothek

Die Deutsche Bibliothek verzeichnet diese Publikation in der Deutschen Nationalbibliografie; detaillierte bibliografische Daten sind im Internet über http://dnb.ddb.de abrufbar.

www.echter-verlag.de

Gestaltung
Peter Hellmund

Druck und Bindung
Friedrich Pustet GmbH & Co. KG,
Regensburg

ISBN 3-429-02547-8